Ab 8 Jahren

Gary M. Forester

# Der menschliche Körper



78

## Das Skelett

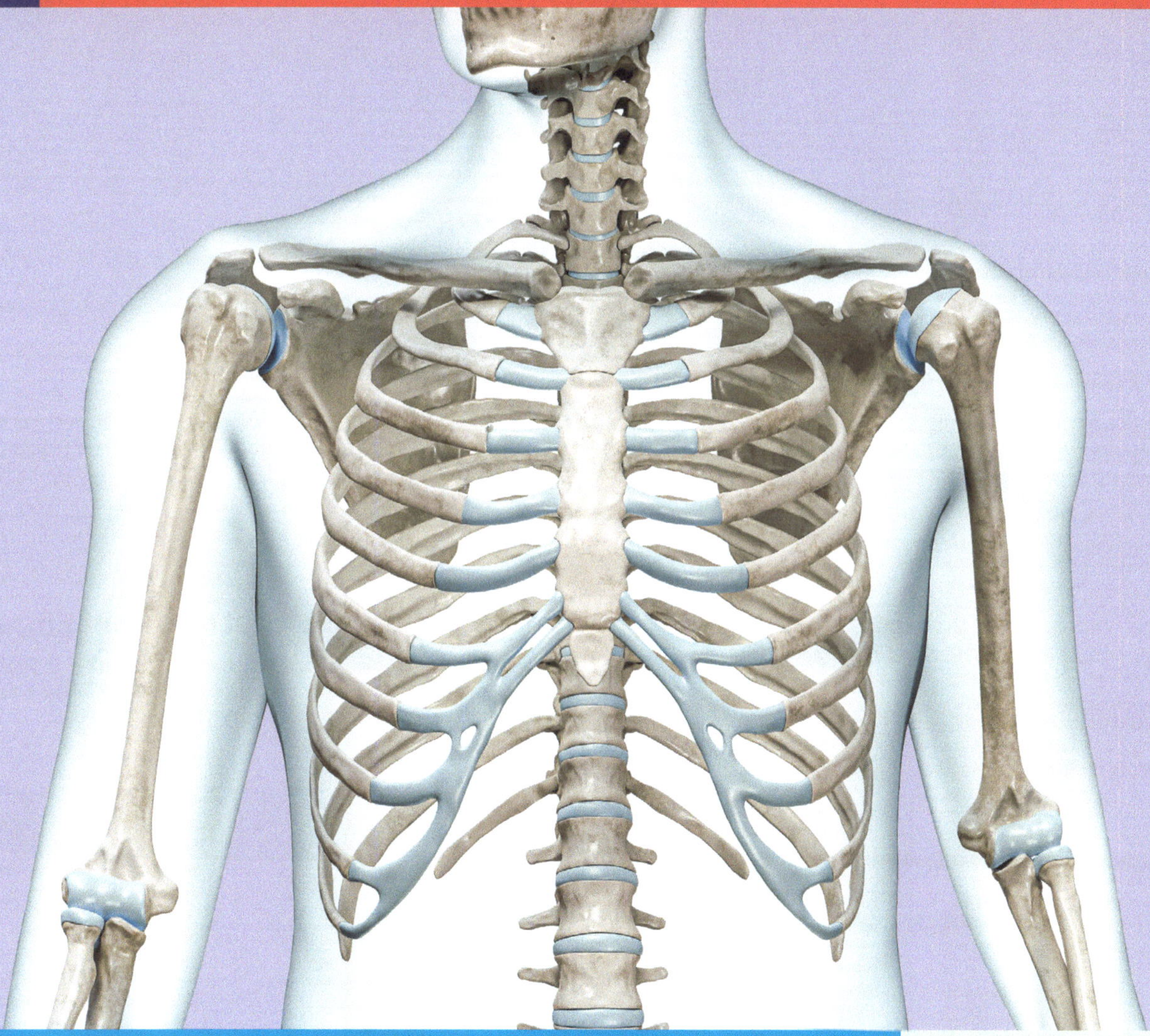

Spielerisch lernen

Farbiges Legematerial

# Der menschliche Körper / Das Skelett

## Lege- und Lernmaterial (Band 78)

2. Auflage 2025



Inhalt: Gary M. Forester
Umschlagbilder: © Matthieu & Iswanto – AdobeStock.com
Redaktion: Kohl-Verlag
Grafik & Satz: Tatjana Wörner & Kohl-Verlag
Druck: Elanders Druck, Waiblingen

**Bestell-Nr. 15 078**

**ISBN: 978-3-98558-859-6**

**Bildquellen © AdobeStock.com:**
**S. 3-64:** baluchis, sakedon; **S. 5-48:** Igor; **S. 49:** Macrovector (3x), Matthieu, bilderzwerg; **S. 51:** Francesco Milanese, SciePro (2x); **S. 53:** vipman4 (2x), wedrawanything; **S. 55:** wedrawanything (3x); **S. 57:** wedrawanything (2x), Matthieu; **S. 59:** pongpongching (2x), CLIPAREA.com; **S. 61:** Matthieu, designua, Crystal light, Adisak; **S. 63+64:** Igor



Kontakt: Kohl-Verlag, An der Brennerei 37-45, 50170 Kerpen
Tel: +49 2275 331610, Mail: info@kohlverlag.de

### Der vorliegende Band ist eine Print-Einzellizenz

Sie wollen unsere Kopiervorlagen auch digital nutzen? Kein Problem – fast das gesamte KOHL-Sortiment ist auch sofort als PDF-Download erhältlich! Wir haben verschiedene Lizenzmodelle zur Auswahl:

| | Print-Version | PDF-Einzellizenz | PDF-Schullizenz | Kombipaket Print & PDF-Einzellizenz | Kombipaket Print & PDF-Schullizenz |
|---|---|---|---|---|---|
| Unbefristete Nutzung der Materialien | x | x | x | x | x |
| Vervielfältigung, Weitergabe und Einsatz der Materialien im eigenen Unterricht | x | x | x | x | x |
| Nutzung der Materialien durch alle Lehrkräfte des Kollegiums an der lizensierten Schule | | | x | | x |
| Einstellen des Materials im Intranet oder Schulserver der Institution | | | x | | x |

Die erweiterten Lizenzmodelle zu diesem Titel sind jederzeit im Online-Shop unter www.kohlverlag.de erhältlich.

# Inhalt



# So sieht es dann aus:

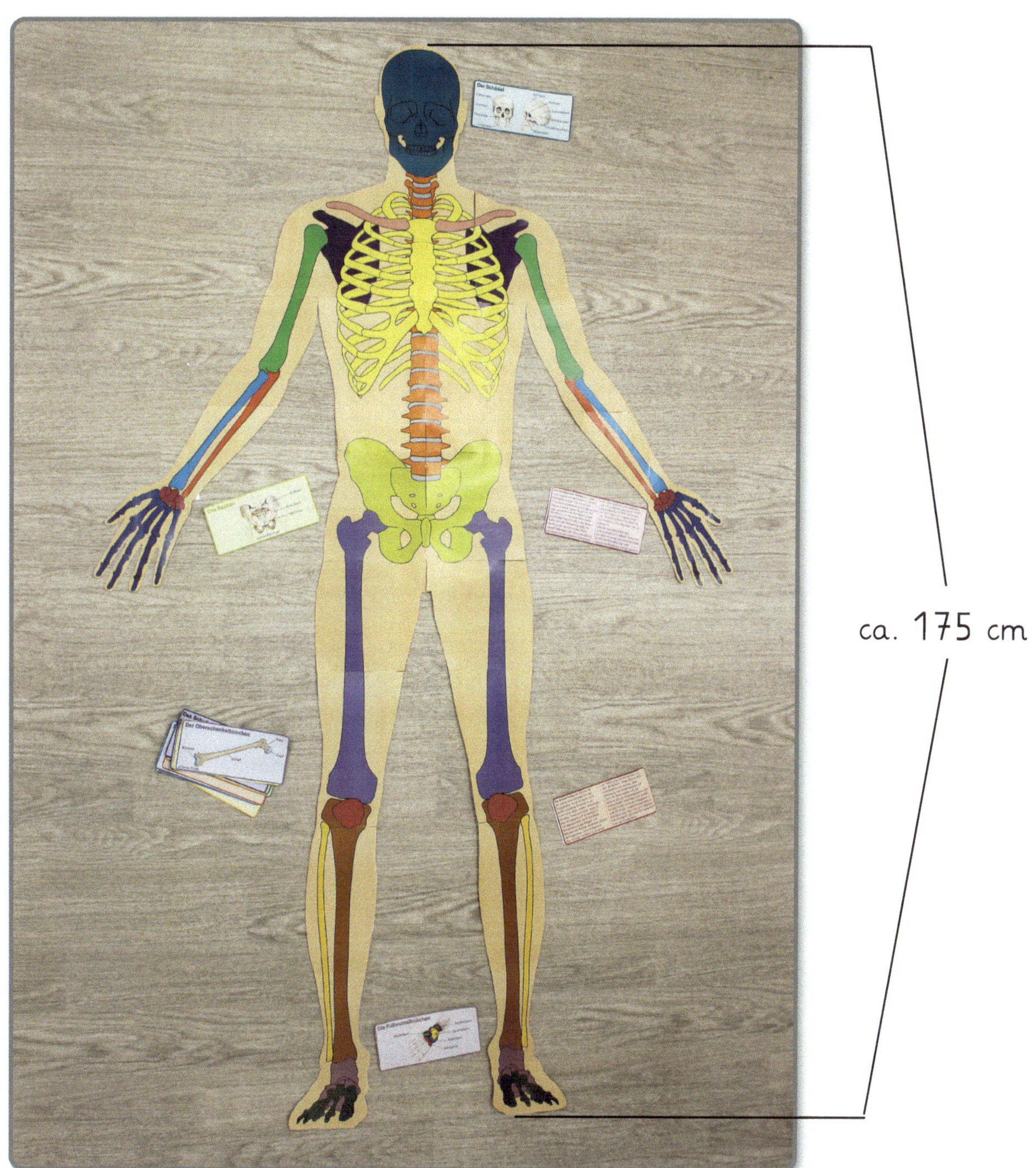

ca. 175 cm

KOHL VERLAG DER MENSCHLICHE KÖRPER Lege- und Lernmaterial - Band 78 / Das Skelett - Bestell-Nr. 15 078

# Vorwort

Liebe Kolleginnen und Kollegen,

das Legematerial aus diesem Band ist in der Grundschule in den Klassen 3 bis 4 sowie in der Sekundarstufe in den Klassen 5 bis 10 einsetzbar. Fertig ausgelegt, entsteht die Form eines menschengroßen Körpers (ca. 175 cm lang) mit Abbildungen von insgesamt 19 knöchernen Teilen des menschlichen Skelettes. Schädel, Brustkorb, Wirbelsäule, Knochen des Schulter- und Beckengürtels sowie des Extremitätenskelettes sieht man dann naturgroß. Die Legeteile sind doppelseitig bedruckt und geben den Schülern die Möglichkeit, das menschliche Skelett von vorne und von hinten zu sehen.

Zu allen abgebildeten Teilen des Skelettes gibt es Infokarten mit Beschreibung von Aufbau und Funktion der jeweiligen Knochen und mit zusätzlichen beschrifteten Bildern. Die Infokarten sind farblich an die Abbildungen der entsprechenden Teile des Skelettes angepasst und erleichtern so die Zuordnung.

Zur Festigung und zur Kontrolle des Lernstoffes gibt es 2 Arbeitsblätter: Die Aufgabe der Schüler ist es, die Skelettteile richtig zu beschriften (Vorder- und Rückseite des Skelettes).

Dank seiner Anschaulichkeit eignet sich dieses Legematerial zur Freiarbeit bzw. selbstständigen Erforschung sowie für Partner- und Gruppenarbeiten.

# Anleitung

Für den Einsatz dieses Legematerials bedarf es ein wenig Vorbereitung.

Trennen Sie die Seiten 5 – 62 aus dem Heft, laminieren Sie diese und schneiden Sie die Teile und die Infokarten sorgfältig aus. Laminiertes Material hält sich länger und kann so über viele Jahre durch viele interessierte Kinderhände gehen.

Die Legeteile des Körpers können nun wie bei einem Puzzle aneinandergefügt werden. Für einen besseren Halt können Sie die Teile mit Klebestreifen befestigen. Die entstandene Figur kann am Boden gelassen oder beispielsweise an der Wand befestigt werden.

Viel Freude und Erfolg mit diesem Band wünschen Ihnen und den Lernenden das Team des Kohl-Verlags und

**Gary M. Forester**

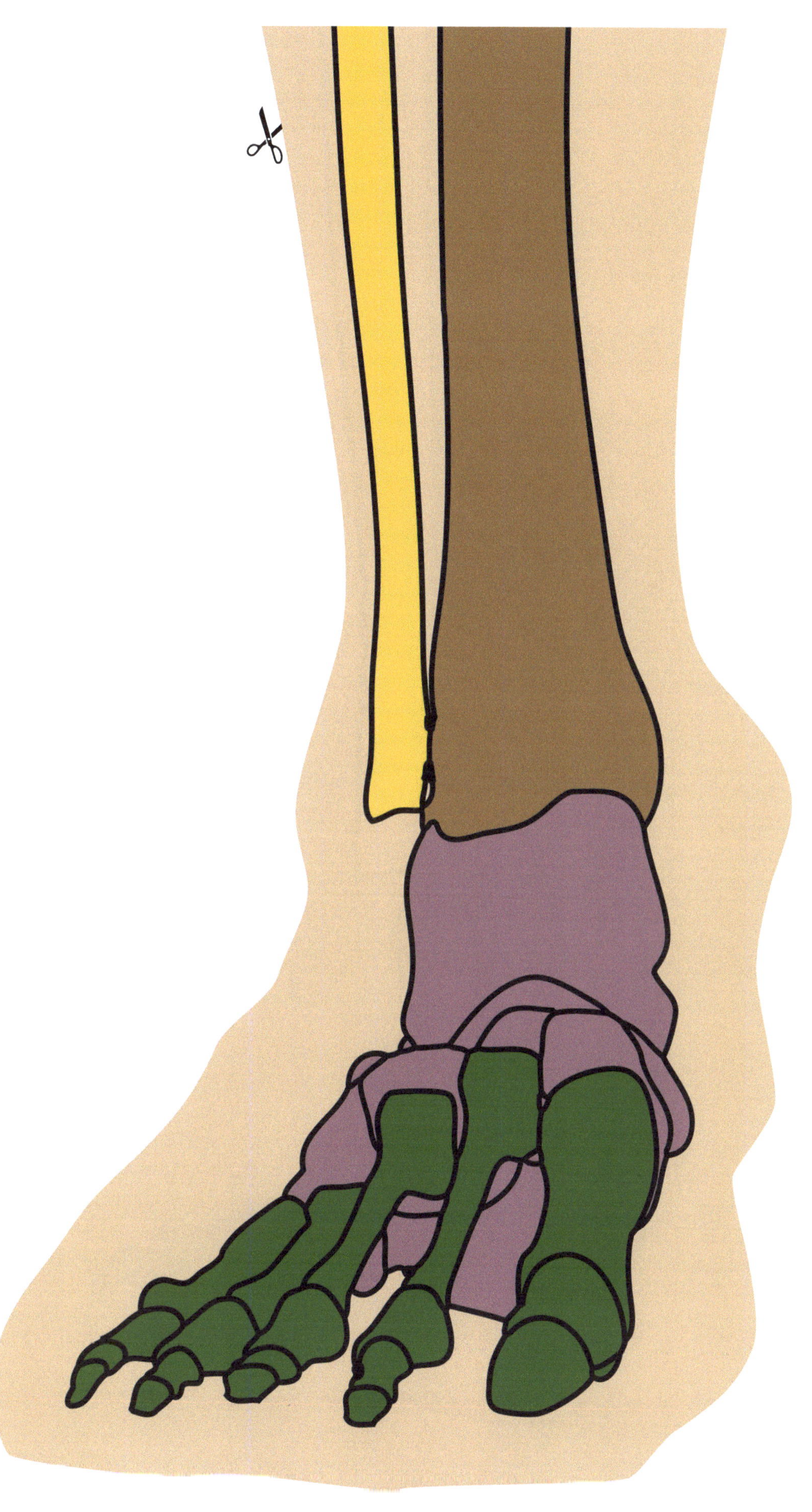



KOHL VERLAG Lernen mit Erfolg
DER MENSCHLICHE KÖRPER
Lege- und Lernmaterial - Band 78 / Das Skelett - Bestell-Nr. 15 078

# Legematerial

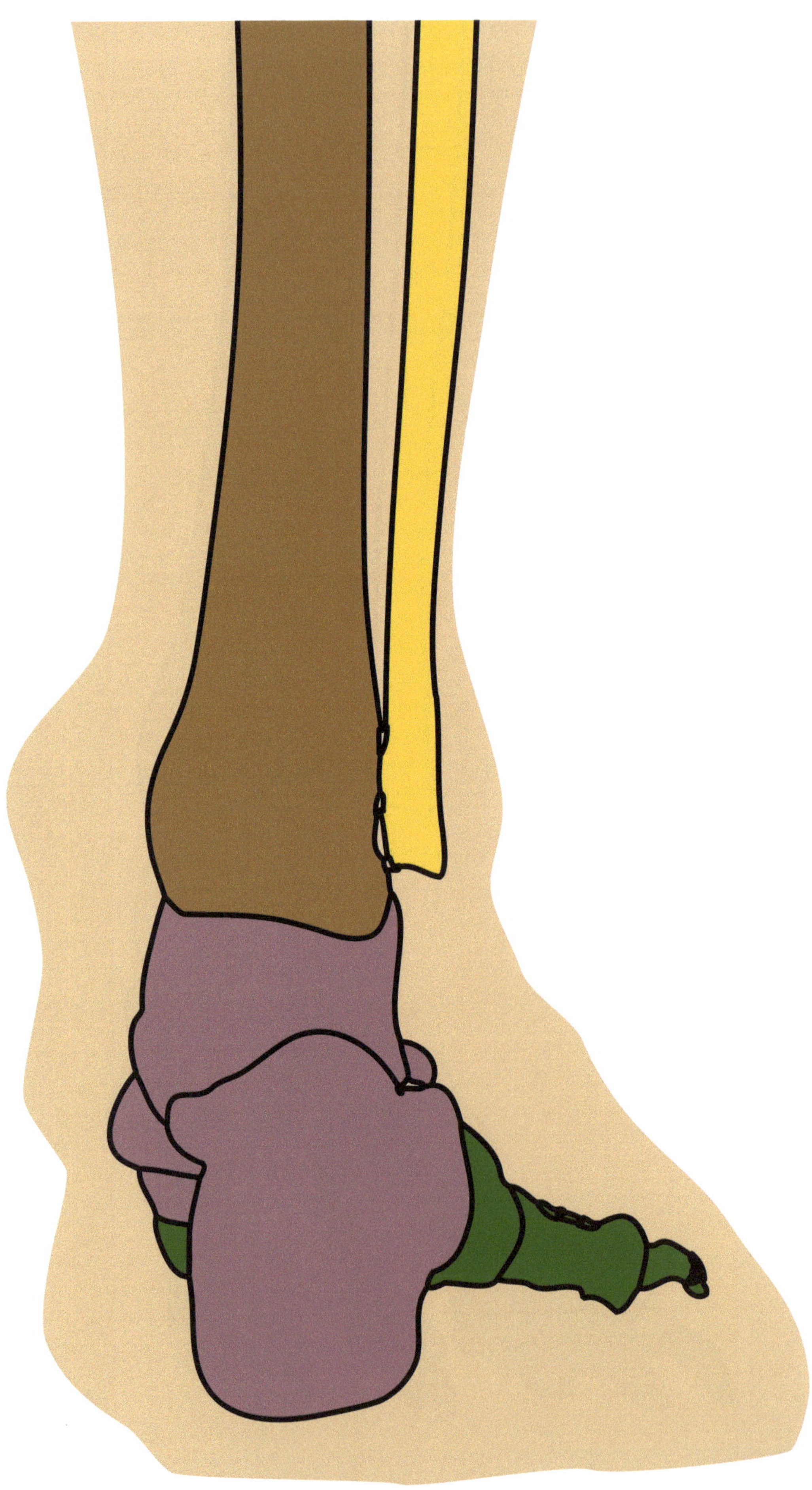

KOHL VERLAG Lernen mit Erfolg
DER MENSCHLICHE KÖRPER

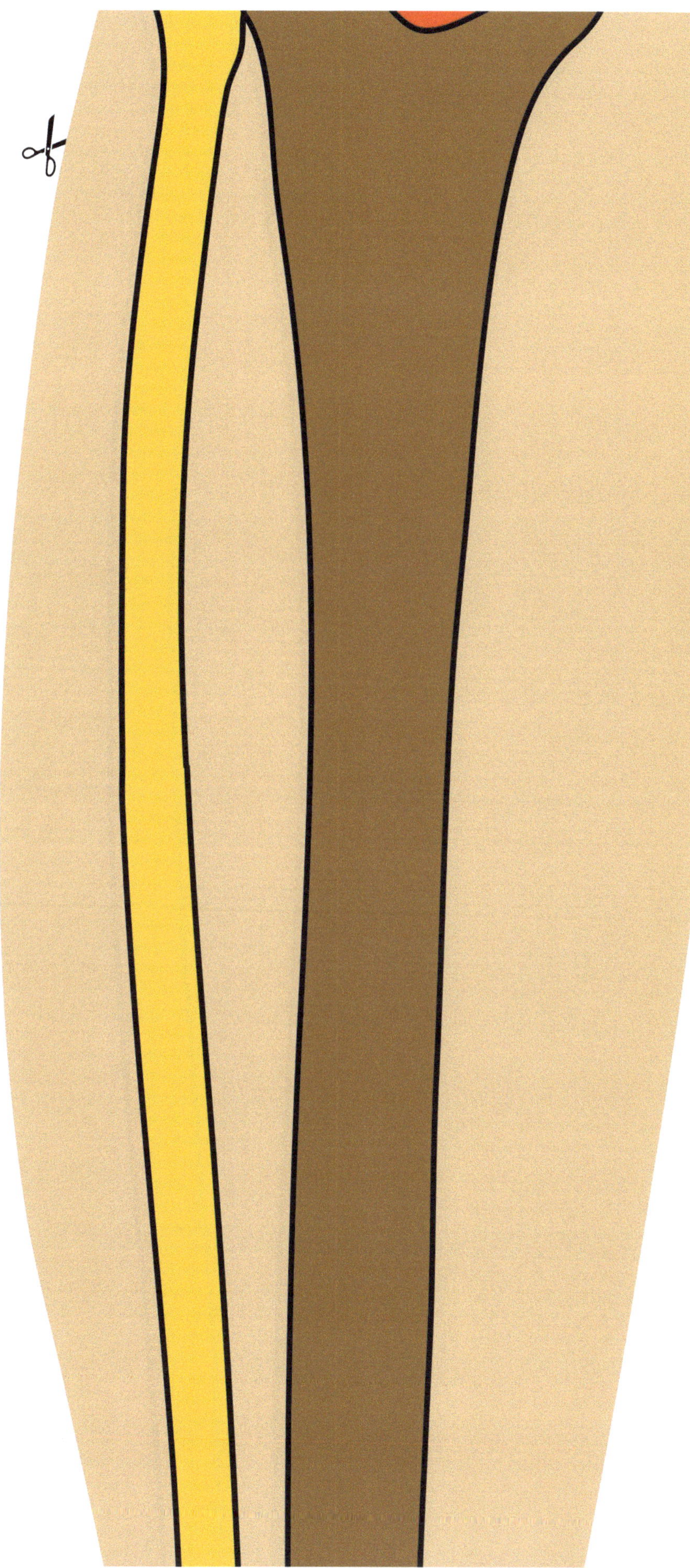

KOHL VERLAG DER MENSCHLICHE KÖRPER
Lege- und Lernmaterial - Band 78 / Das Skelett - Bestell-Nr. 15 078

# Legematerial

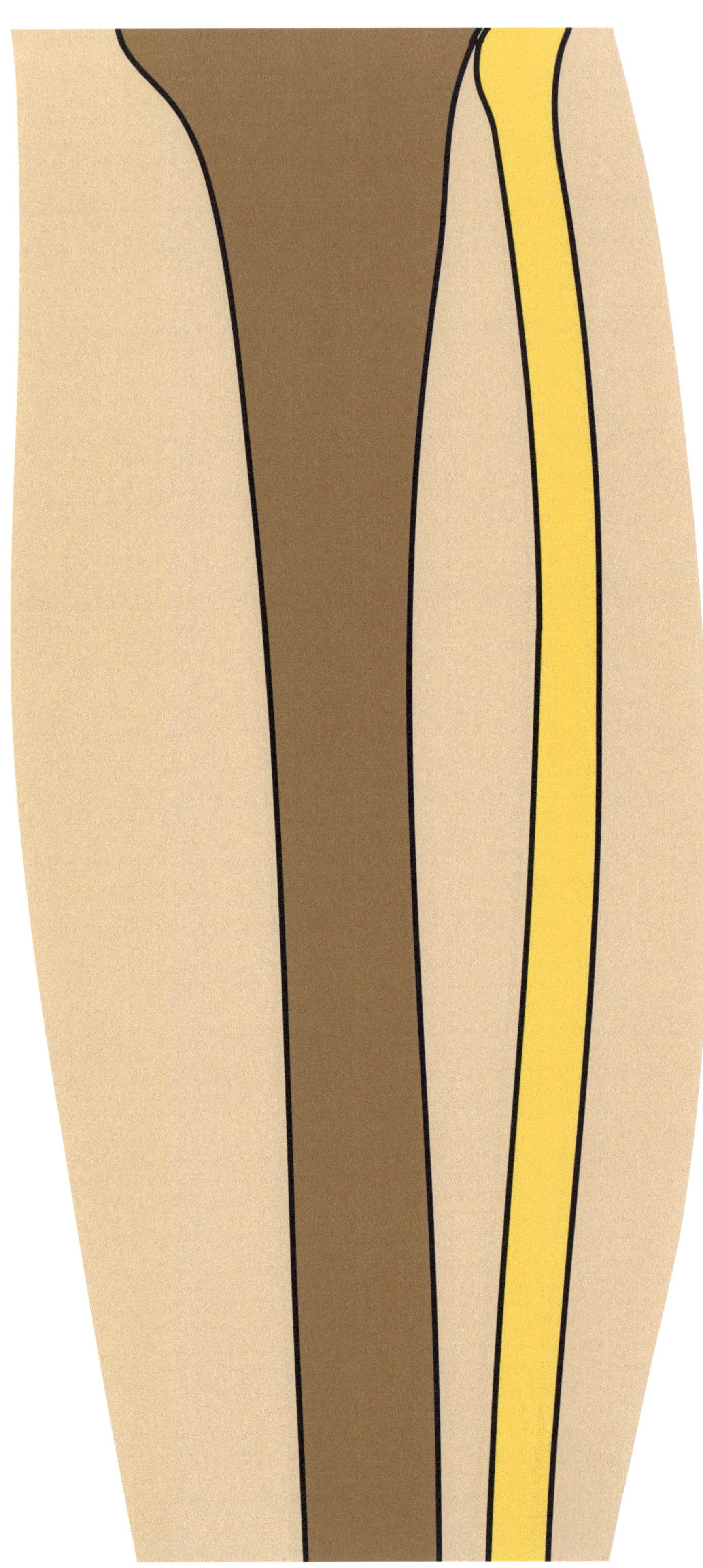



Lernen mit Erfolg
DER MENSCHLICHE KÖRPER

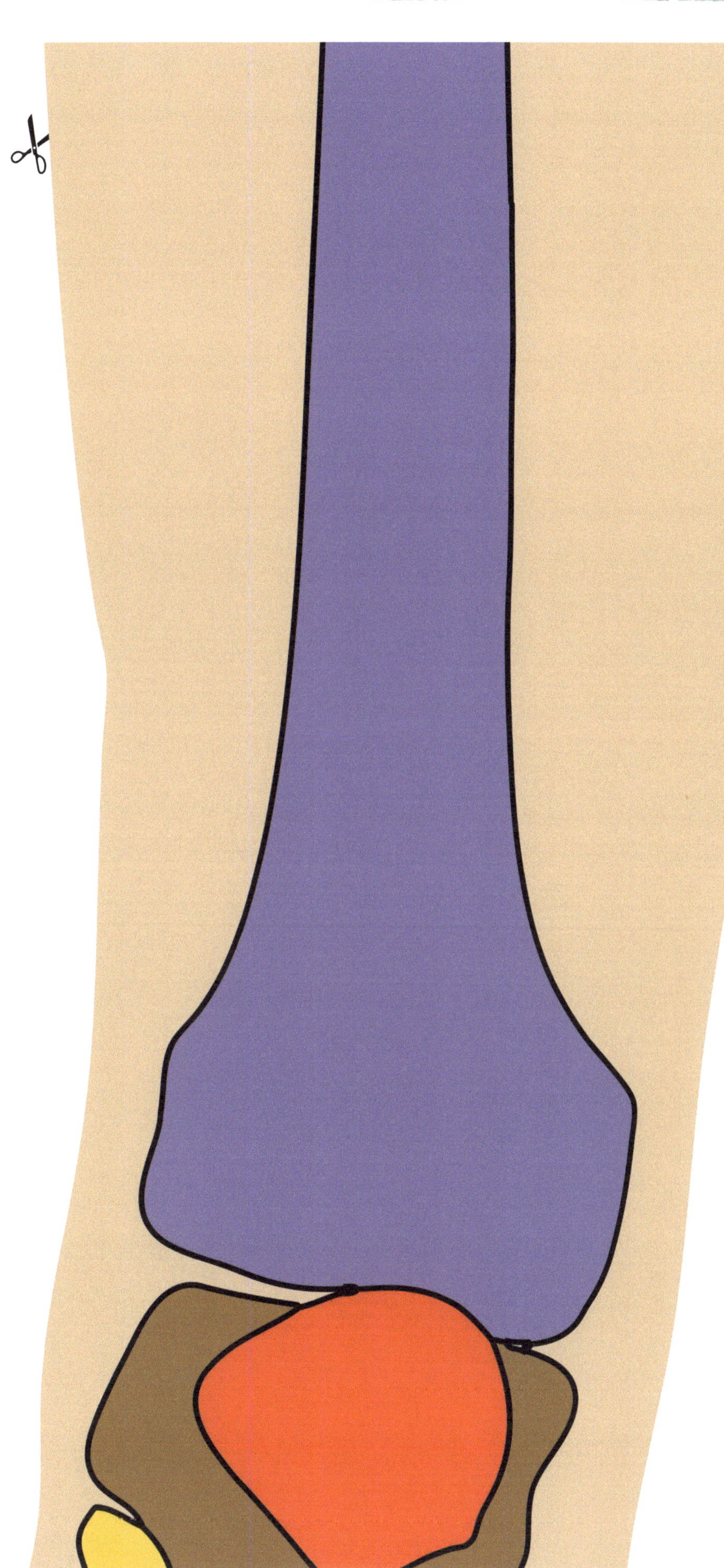

KOHL VERLAG DER MENSCHLICHE KÖRPER Lege- und Lernmaterial - Band 78 / Das Skelett - Bestell-Nr. 15 078

# Legematerial

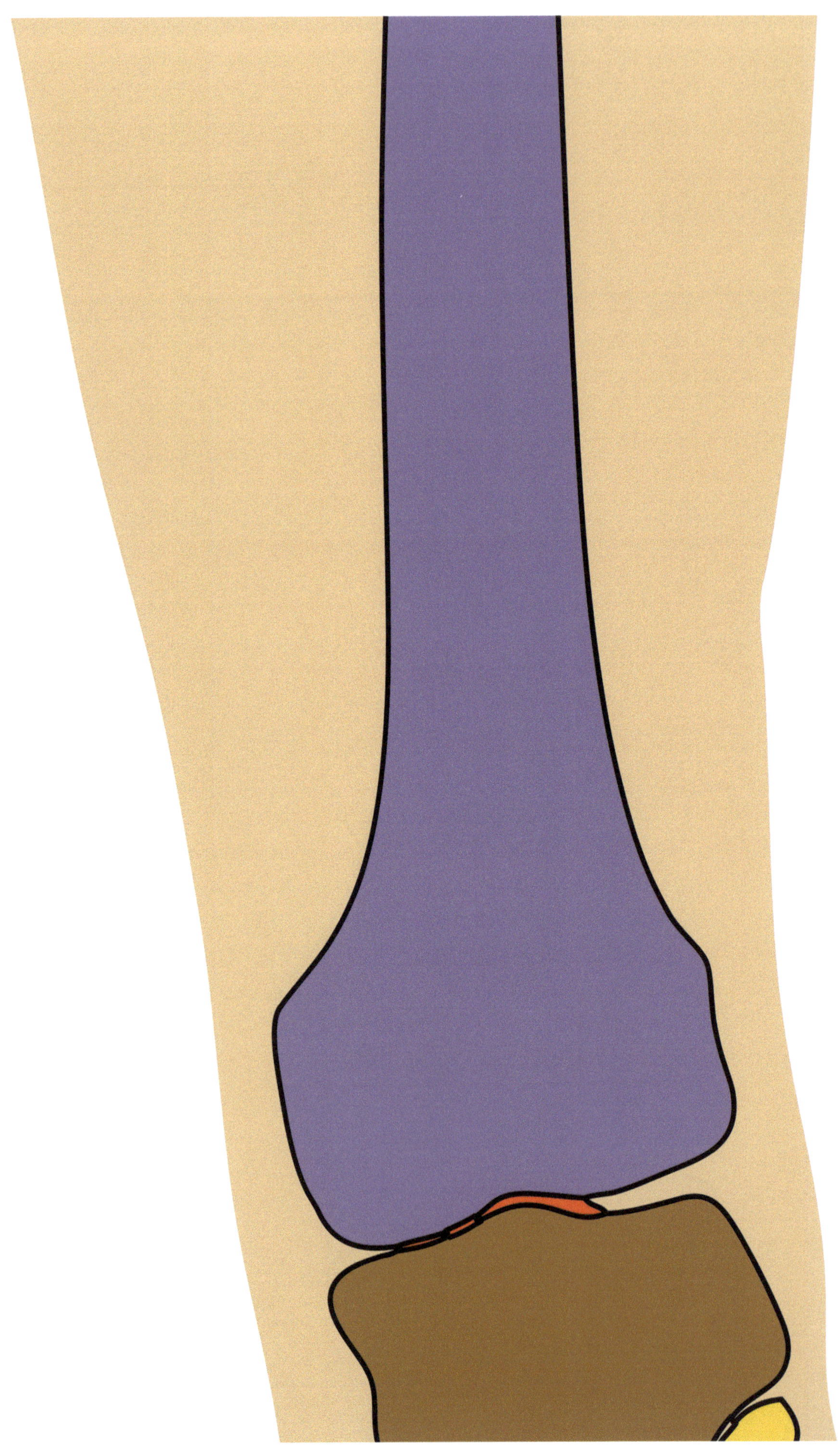



KOHL VERLAG Lernen mit Erfolg
DER MENSCHLICHE KÖRPER

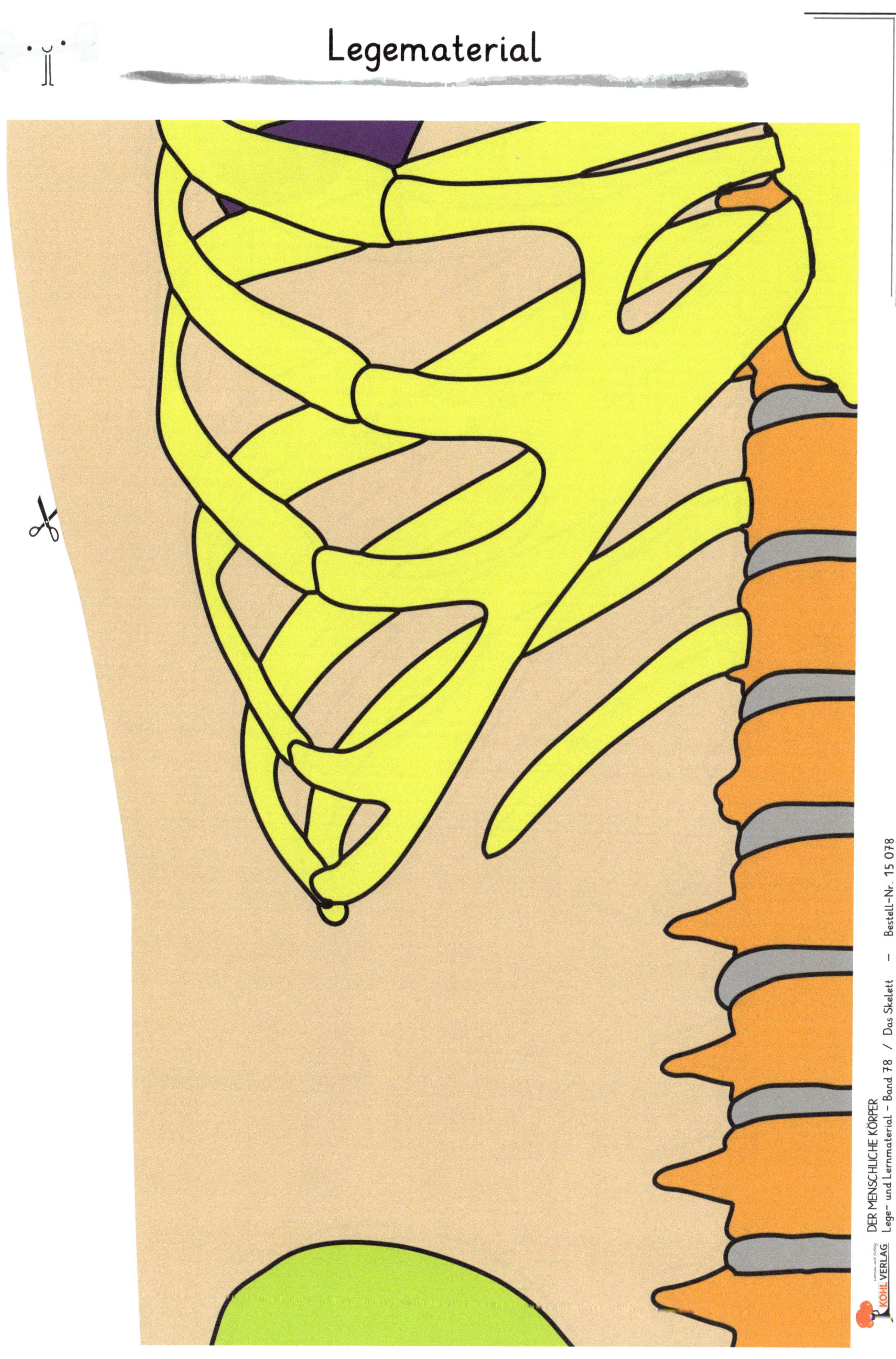

KOHL VERLAG DER MENSCHLICHE KÖRPER
Lege- und Lernmaterial – Band 78 / Das Skelett – Bestell-Nr. 15 078

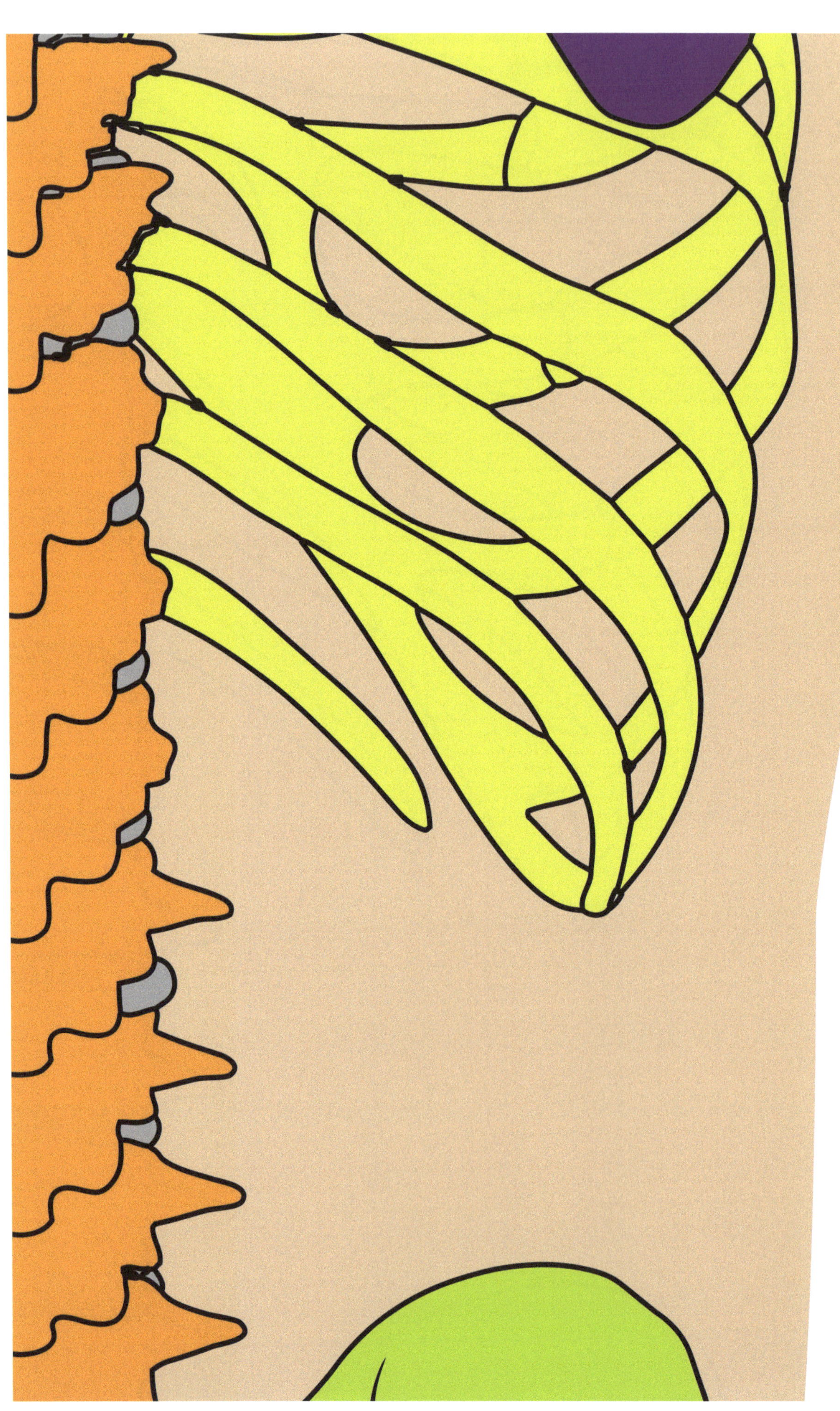

KOHL VERLAG Lernen mit Erfolg DER MENSCHLICHE KÖRPER

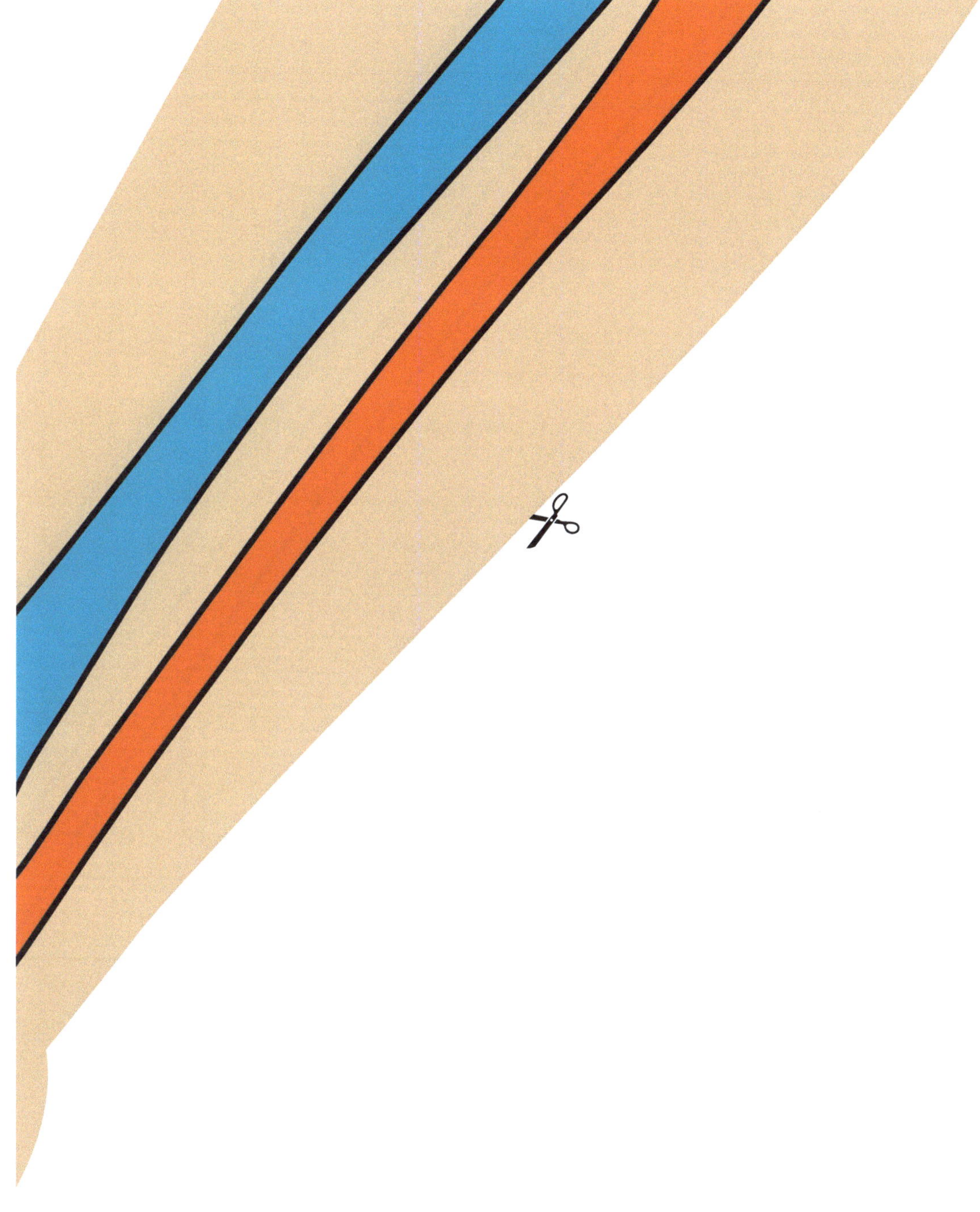

KOHL VERLAG Lernen mit Erfolg DER MENSCHLICHE KÖRPER Lege- und Lernmaterial - Band 78 / Das Skelett - Bestell-Nr. 15 078

# Legematerial

KOHL VERLAG DER MENSCHLICHE KÖRPER

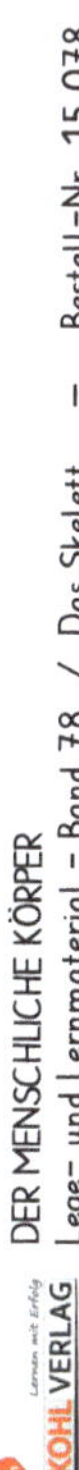
DER MENSCHLICHE KÖRPER
Lege- und Lernmaterial – Band 78 / Das Skelett – Bestell-Nr. 15 078
KOHL VERLAG

# Legematerial

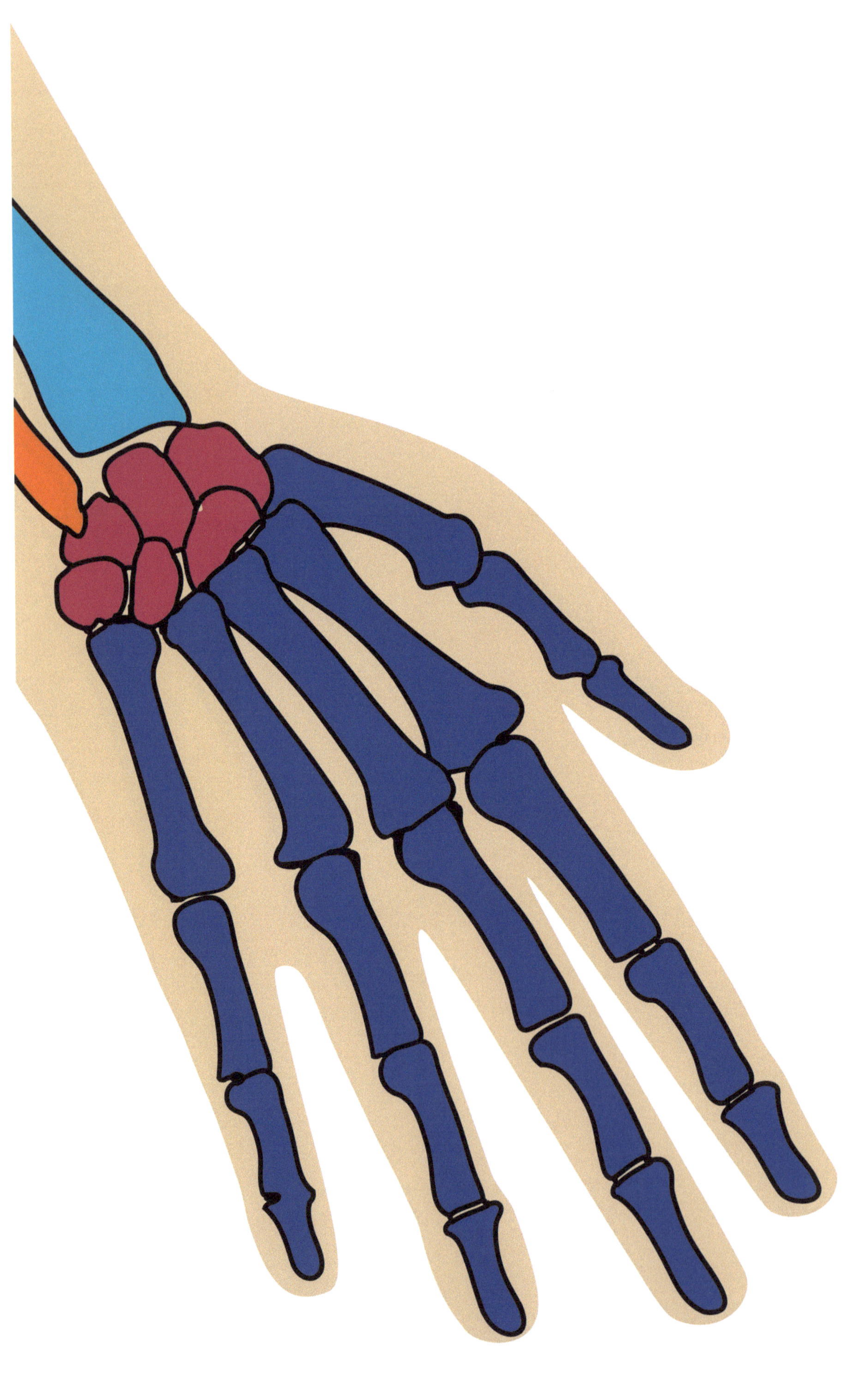

Lernen mit Erfolg
KOHL VERLAG
DER MENSCHLICHE KÖRPER

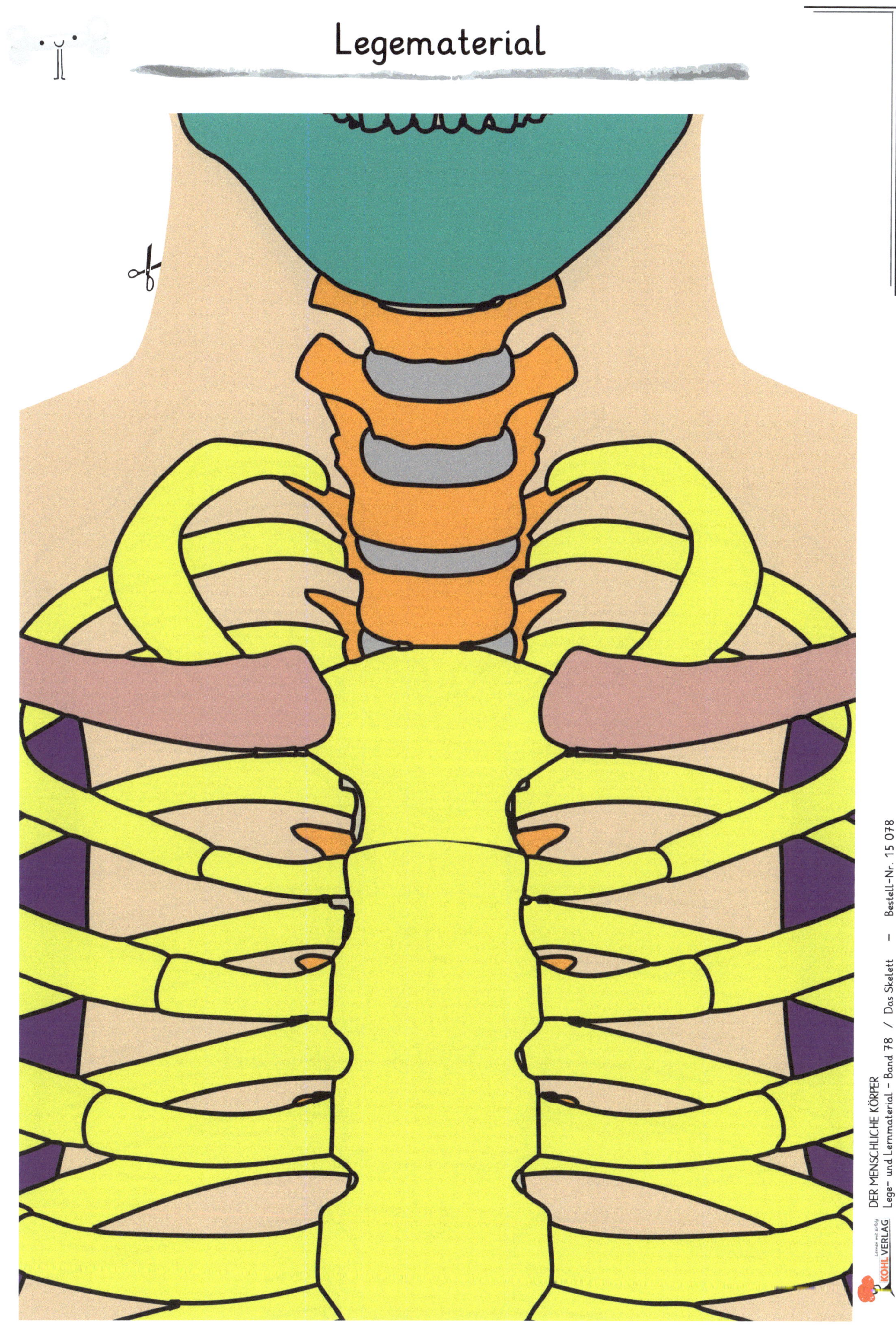

DER MENSCHLICHE KÖRPER
Lege- und Lernmaterial – Band 78 / Das Skelett – Bestell-Nr. 15 078
KOHL VERLAG

# Legematerial

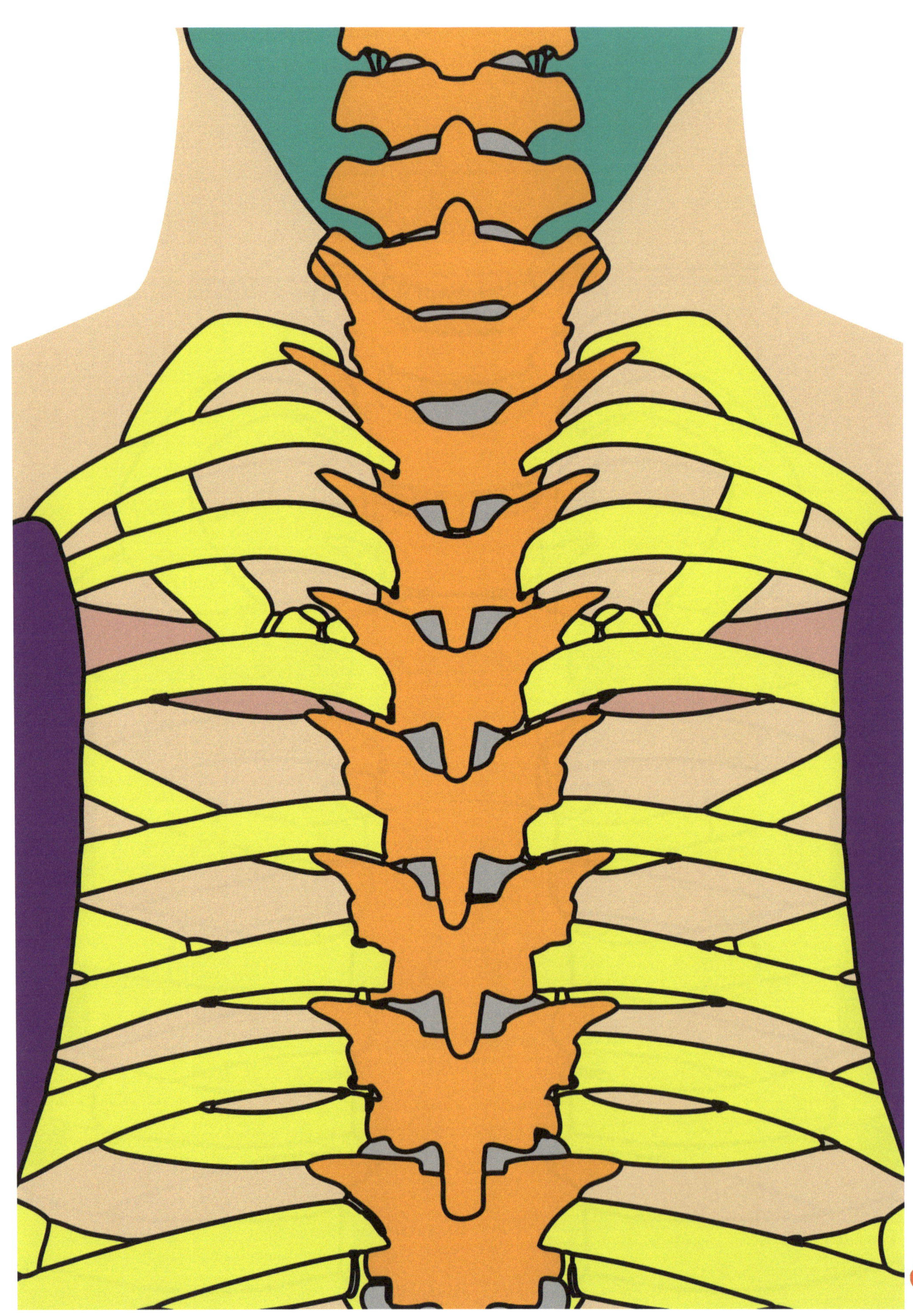

Lernen mit Erfolg
KOHL VERLAG
DER MENSCHLICHE KÖRPER

# Legematerial

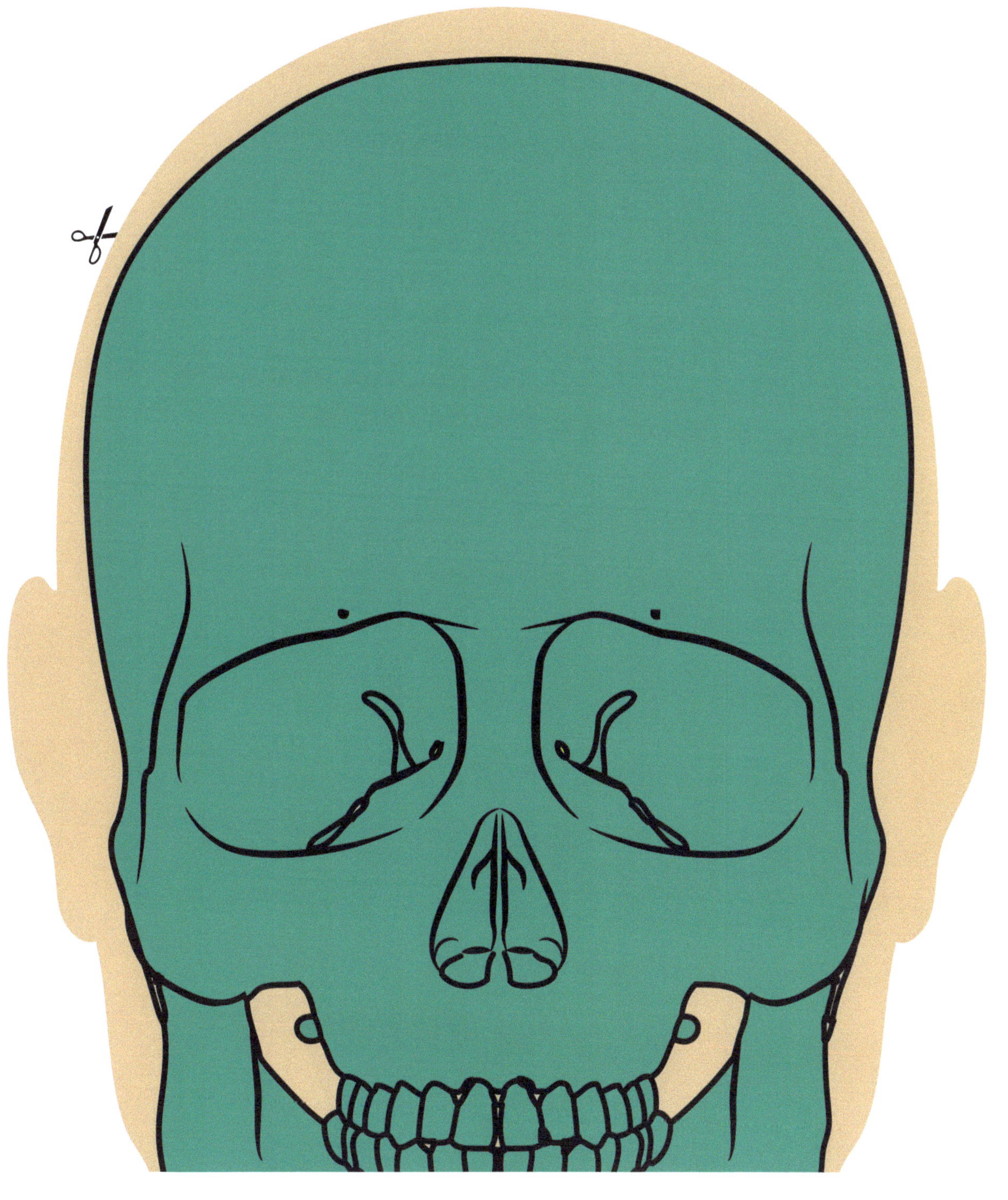

KOHL VERLAG DER MENSCHLICHE KÖRPER Lege- und Lernmaterial - Band 78 / Das Skelett - Bestell-Nr. 15 078

# Legematerial

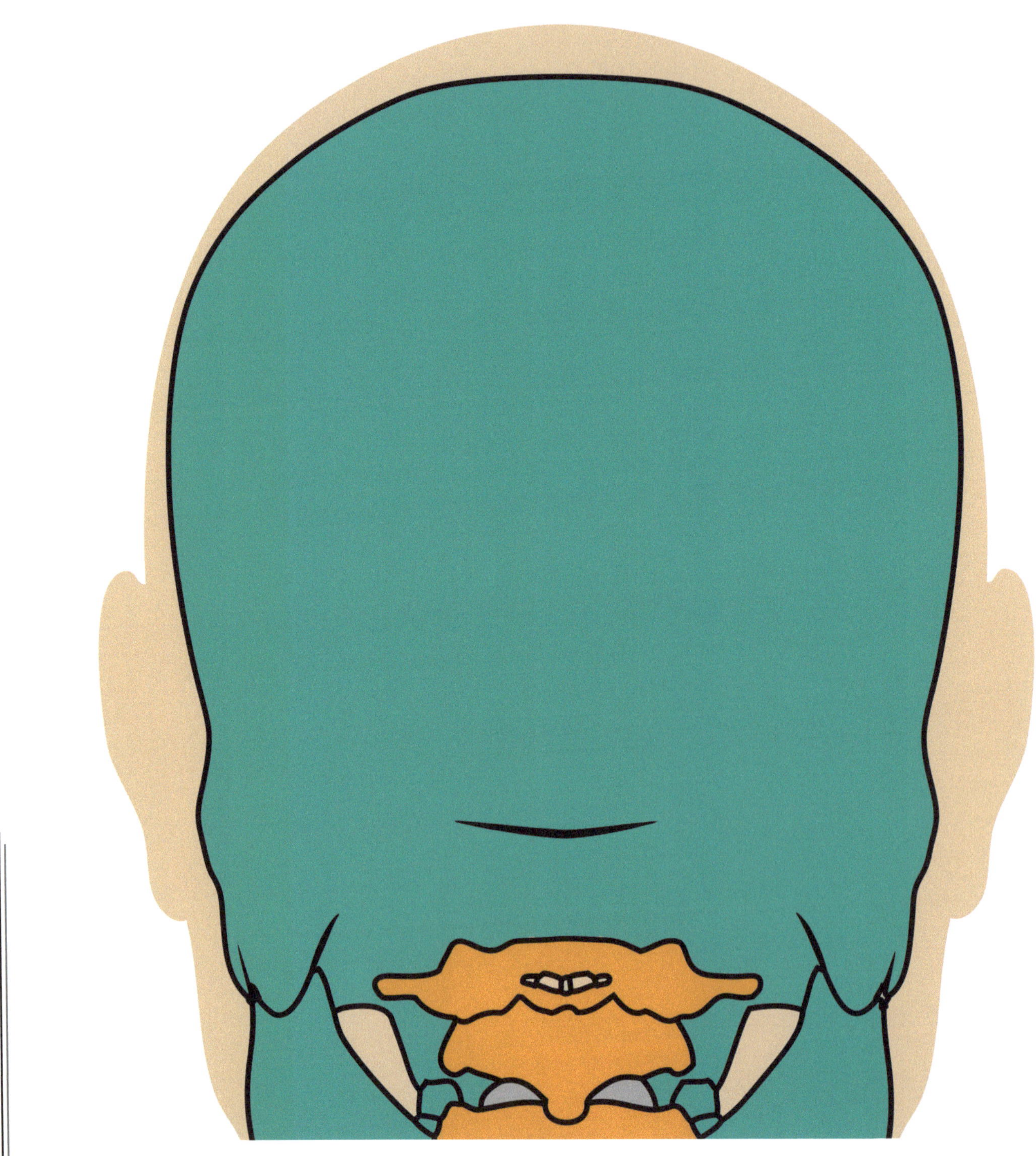

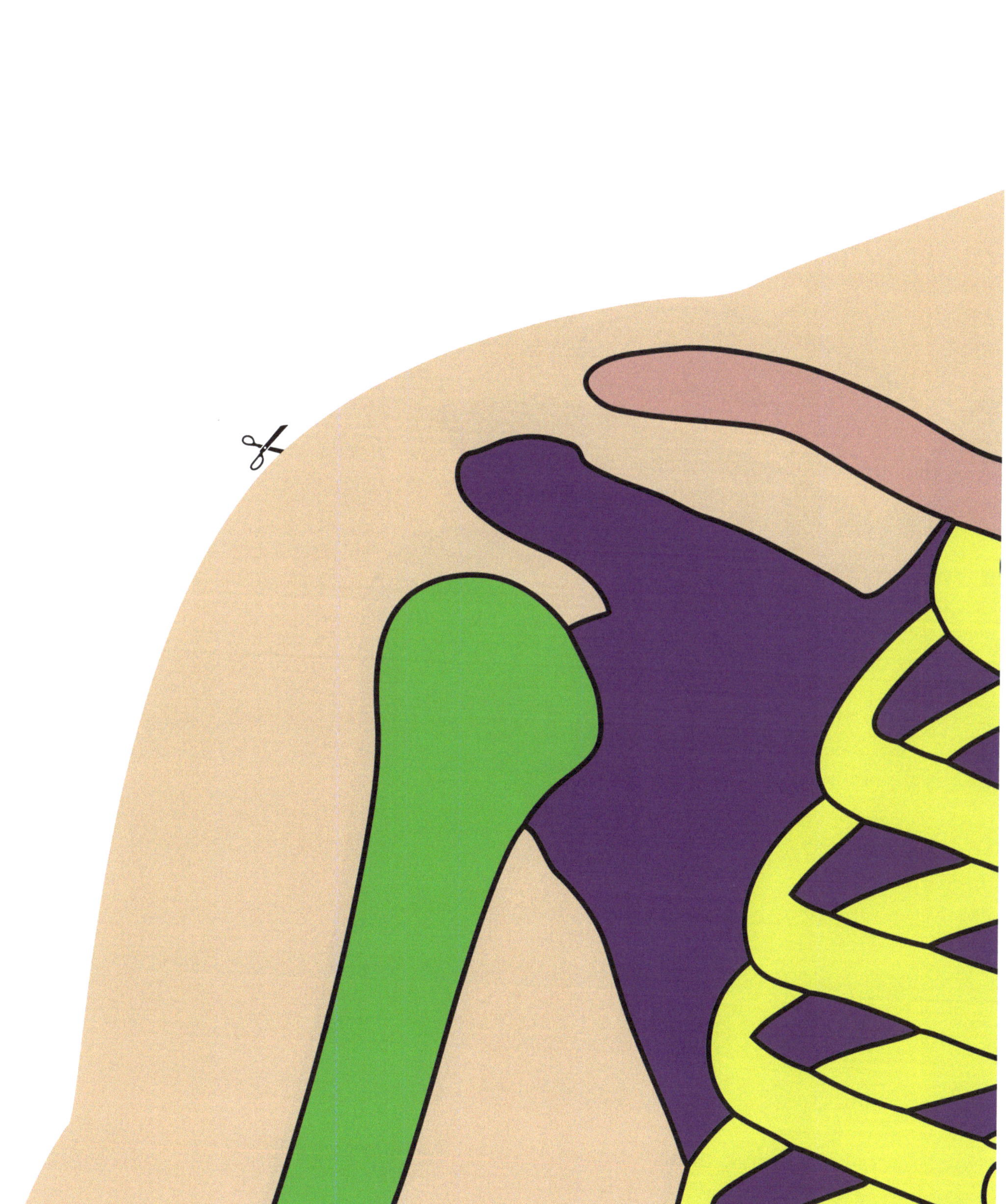

KOHL VERLAG
DER MENSCHLICHE KÖRPER
Lege- und Lernmaterial - Band 78 / Das Skelett - Bestell-Nr. 15 078

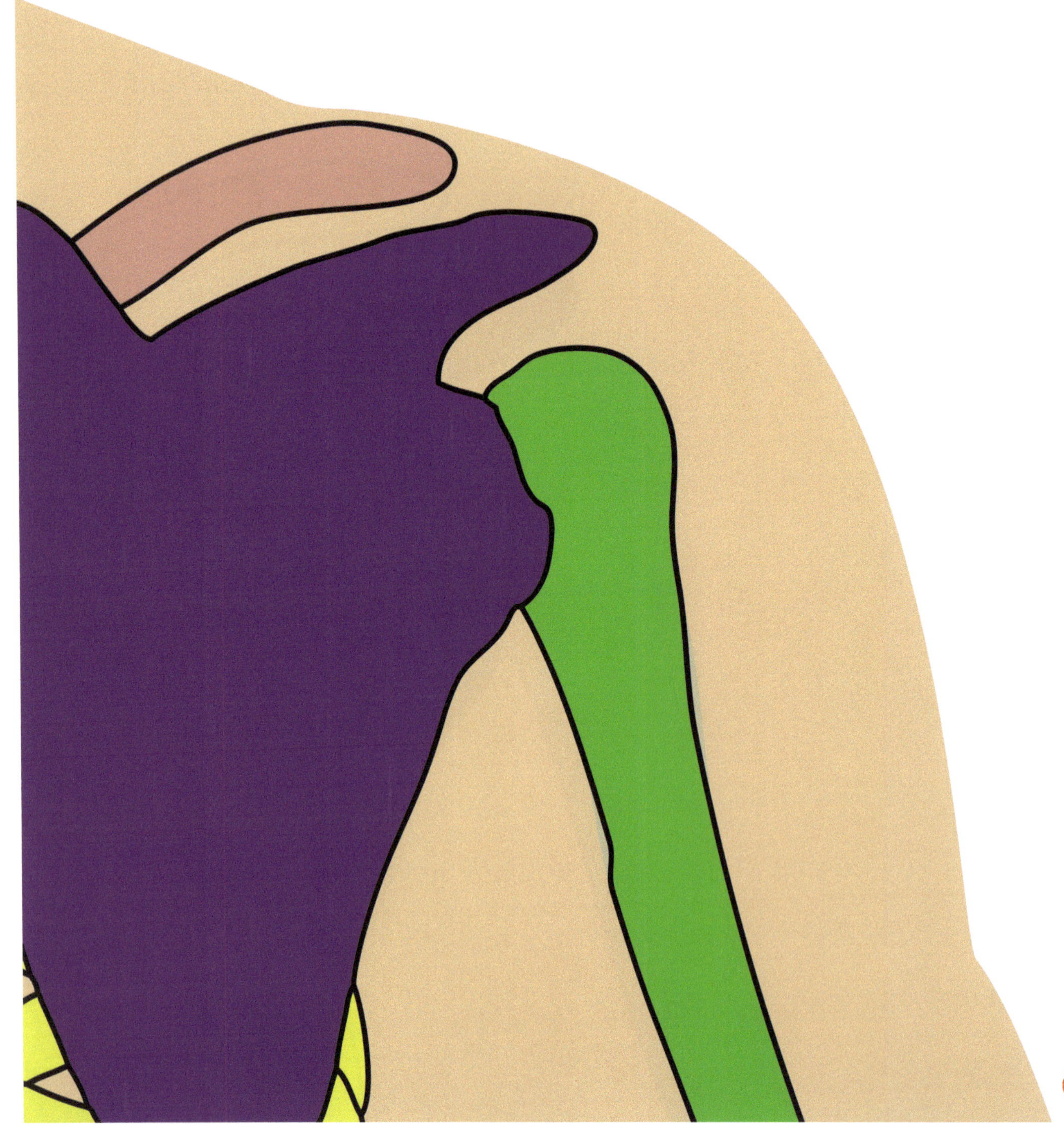

Lernen mit Erfolg
KOHL VERLAG
DER MENSCHLICHE KÖRPER

# Legematerial

DER MENSCHLICHE KÖRPER
Lege- und Lernmaterial – Band 78 / Das Skelett – Bestell-Nr. 15 078
KOHL VERLAG

# Legematerial

KOHL VERLAG Lernen mit Erfolg
DER MENSCHLICHE KÖRPER

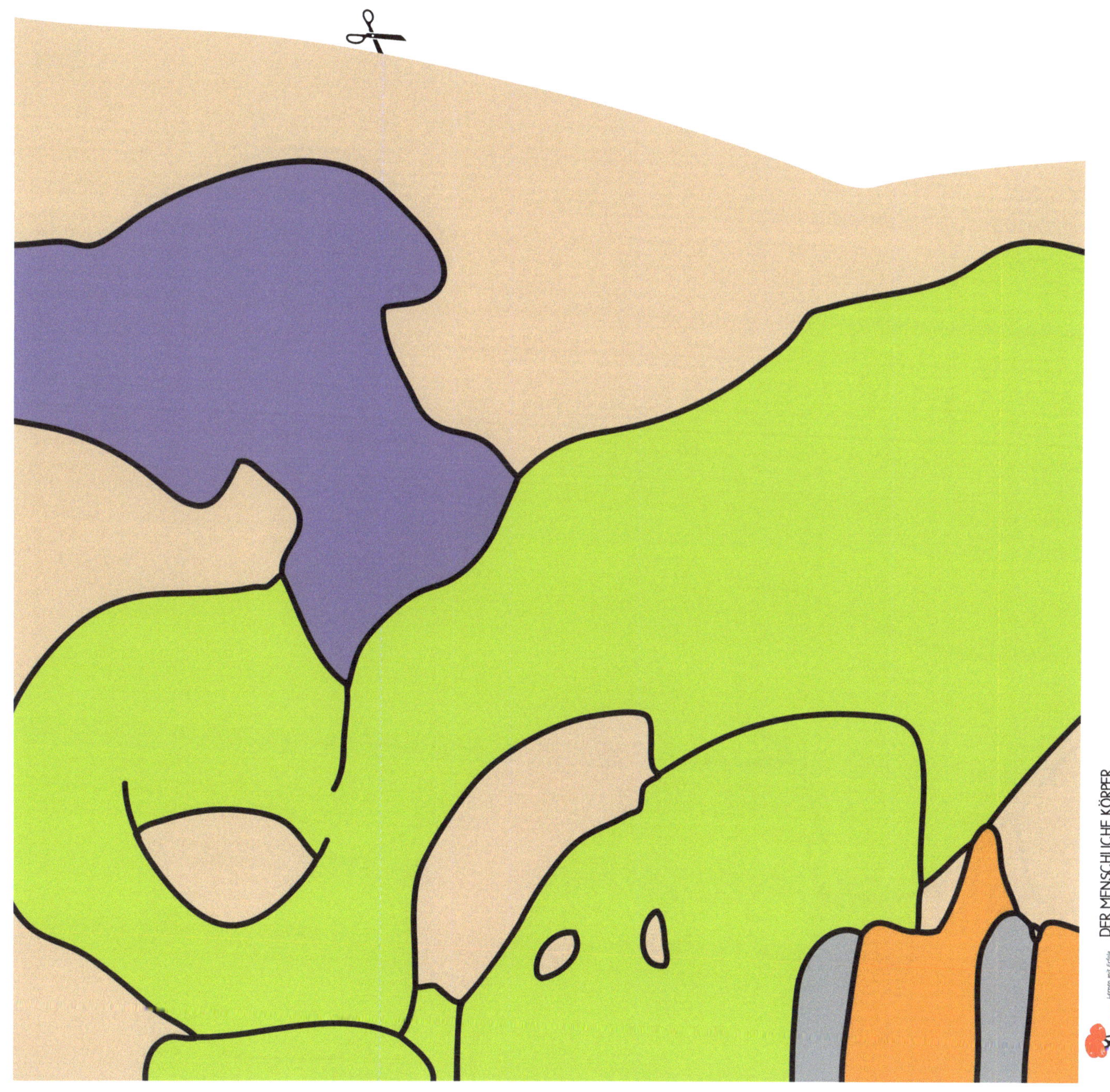

DER MENSCHLICHE KÖRPER
Lege- und Lernmaterial – Band 78 / Das Skelett – Bestell-Nr. 15 078
KOHL VERLAG

# Legematerial

KOHL VERLAG DER MENSCHLICHE KÖRPER

# Legematerial

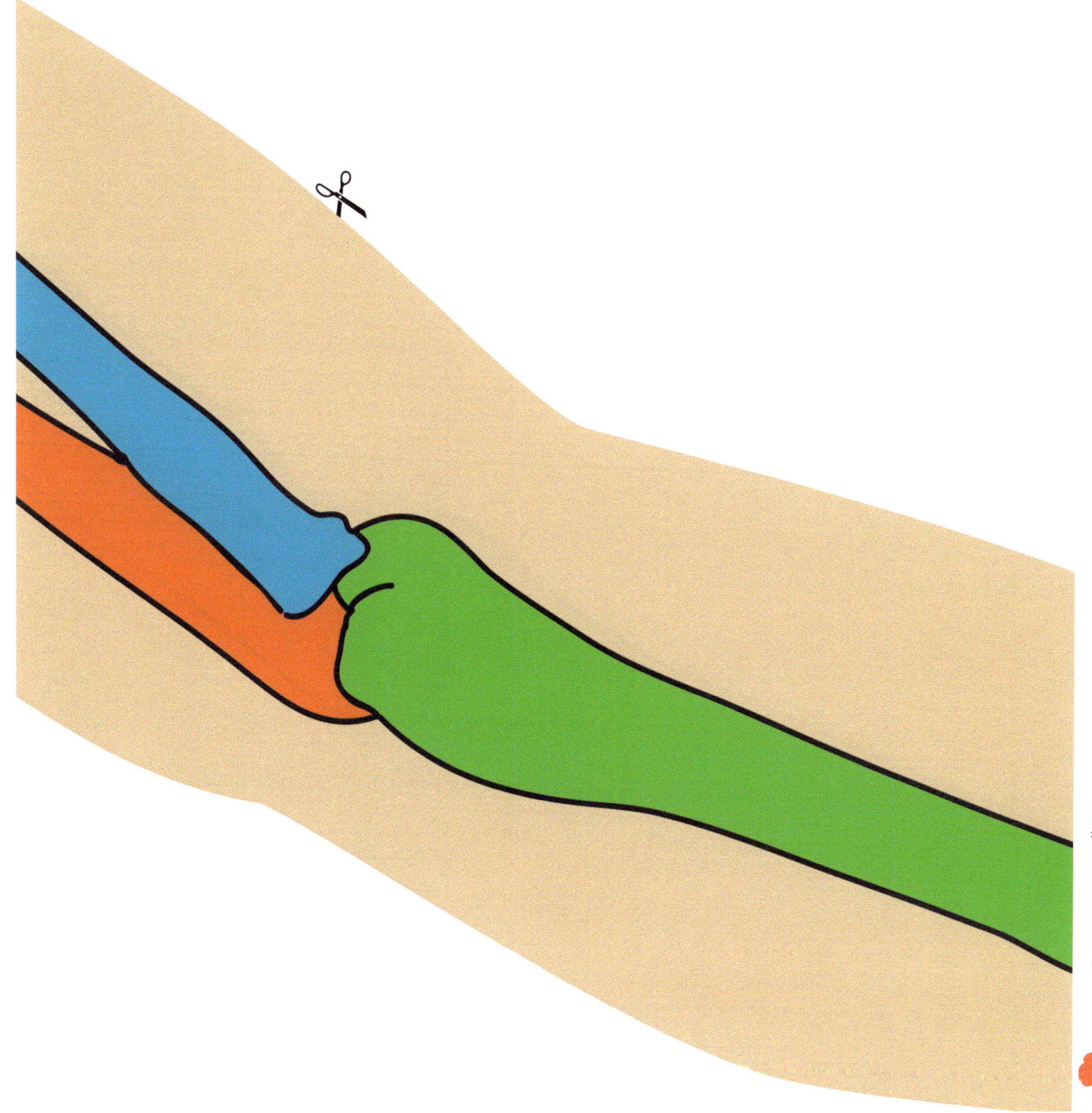

KOHL VERLAG DER MENSCHLICHE KÖRPER Lege- und Lernmaterial - Band 78 / Das Skelett - Bestell-Nr. 15 078

# Legematerial

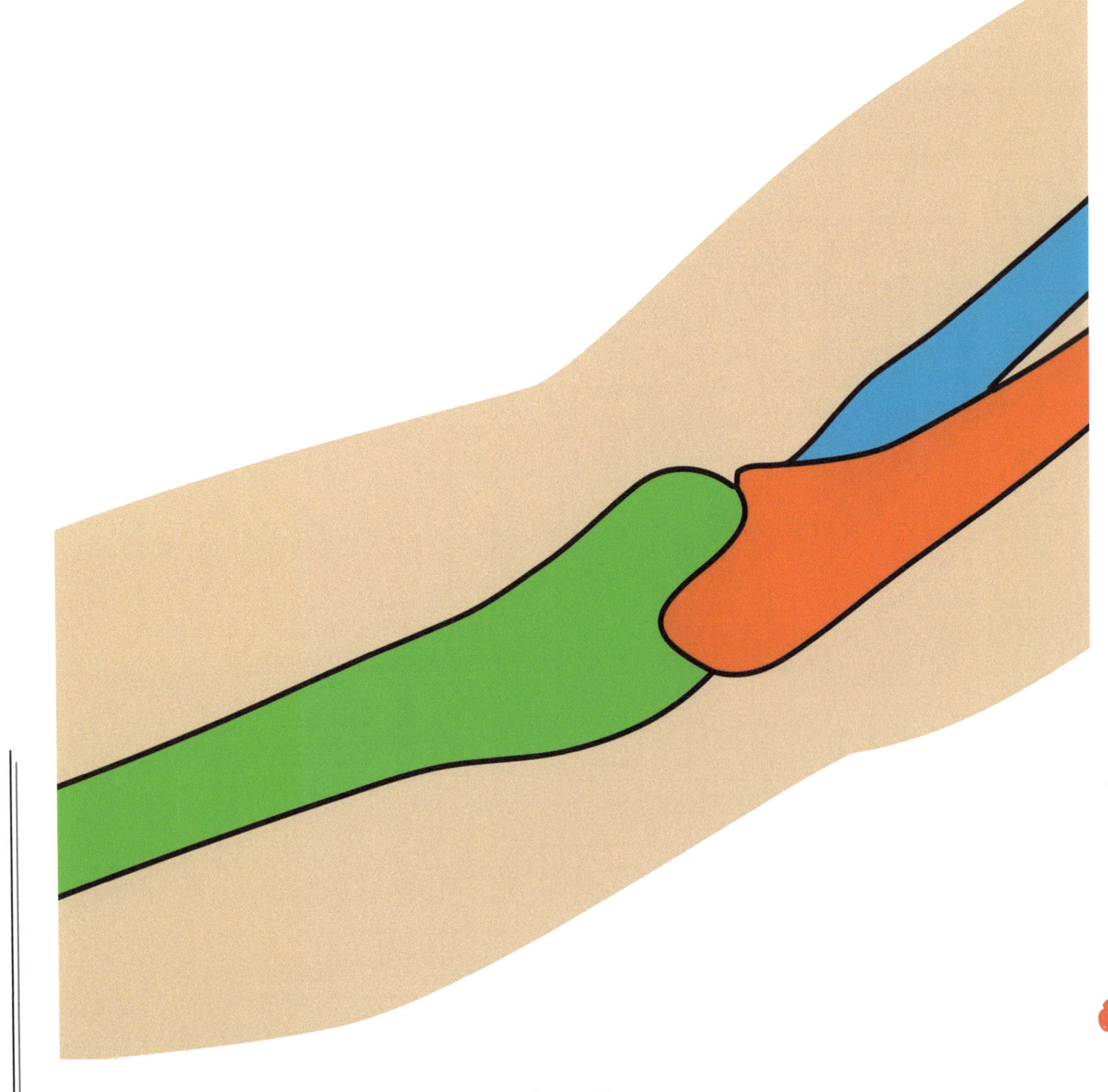



Lernen mit Erfolg KOHL VERLAG DER MENSCHLICHE KÖRPER

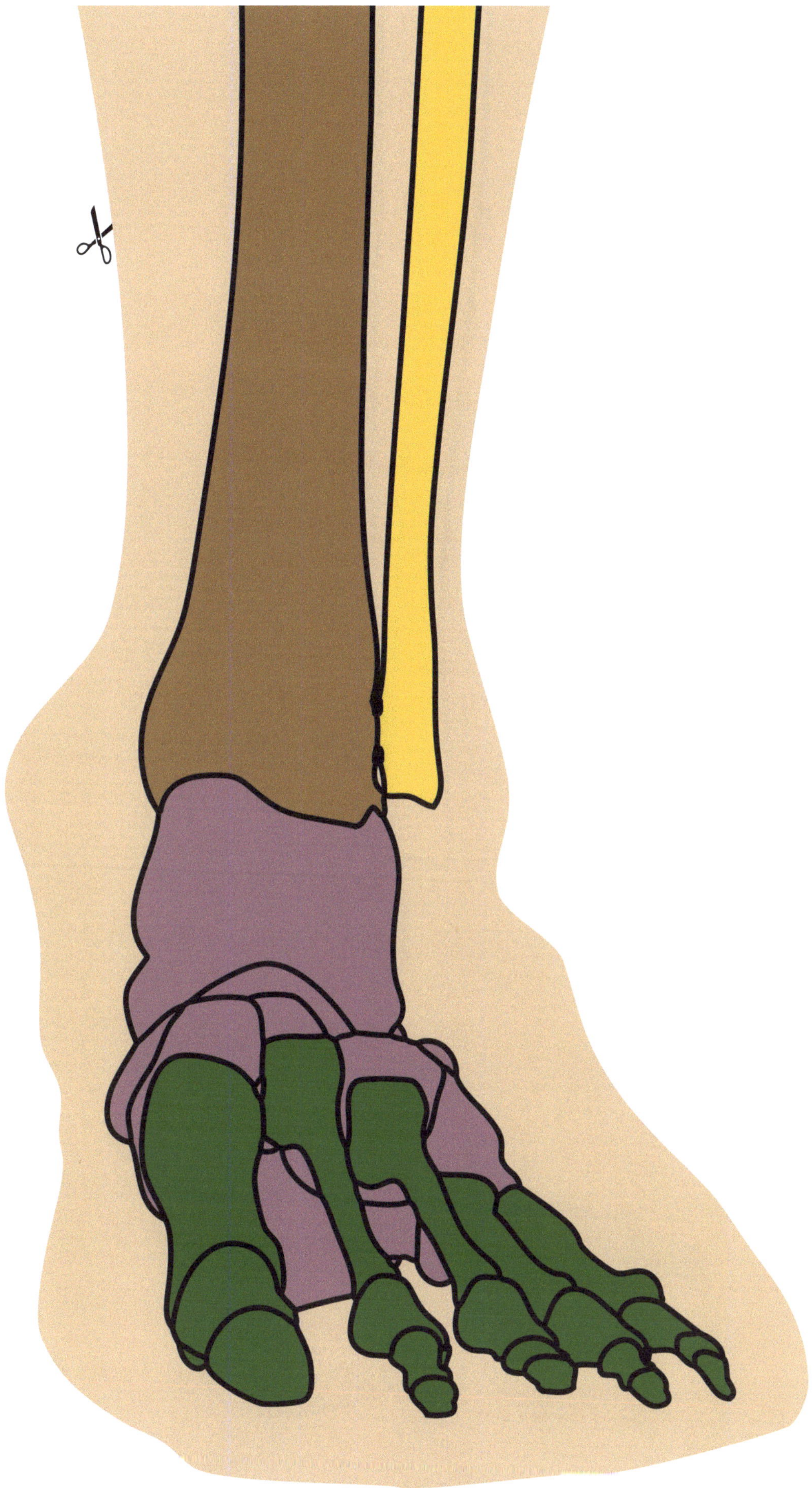

KOHL VERLAG
DER MENSCHLICHE KÖRPER
Lege- und Lernmaterial - Band 78 / Das Skelett - Bestell-Nr. 15 078

# Legematerial

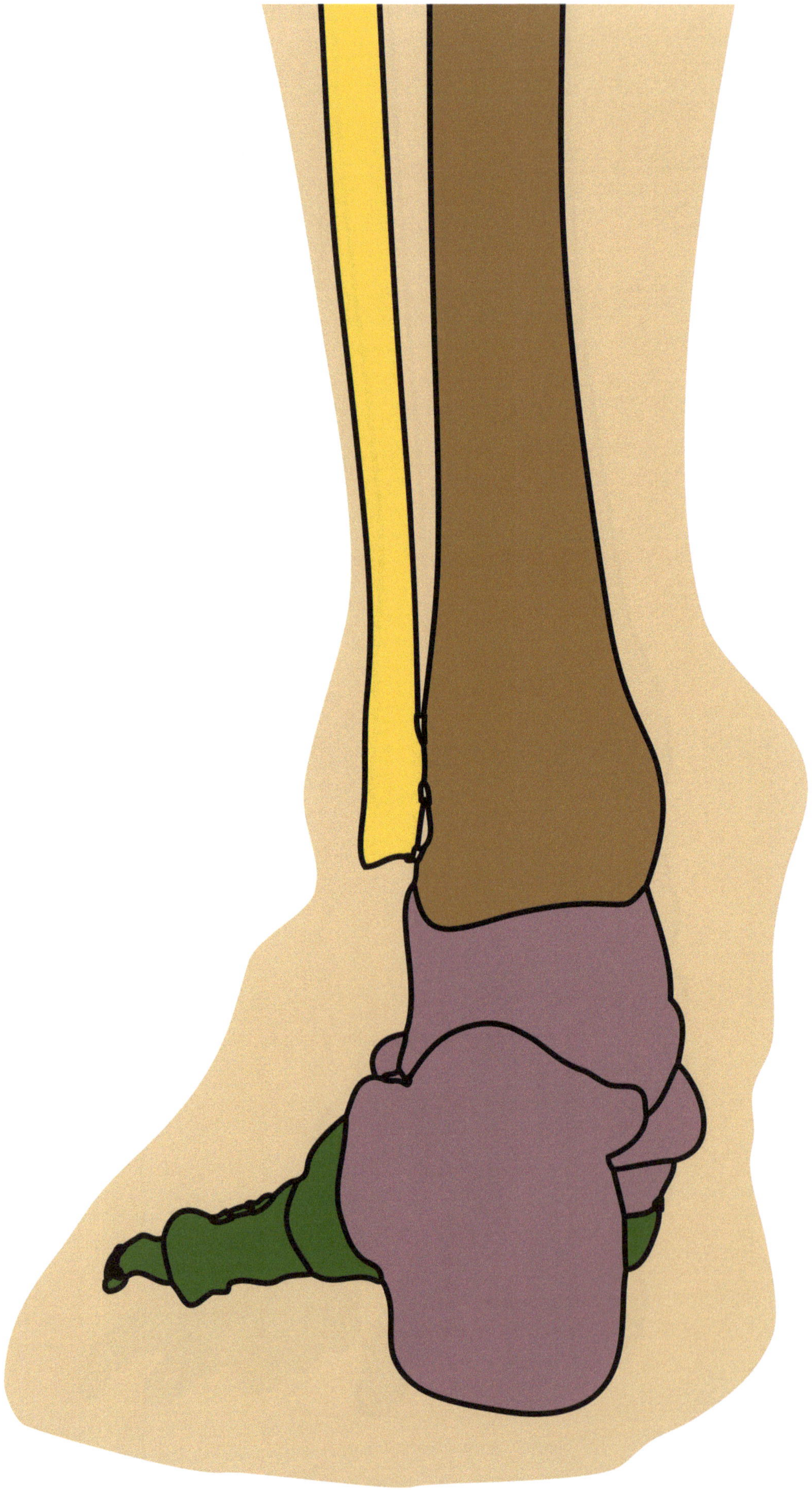

KOHL VERLAG Lernen mit Erfolg
DER MENSCHLICHE KÖRPER

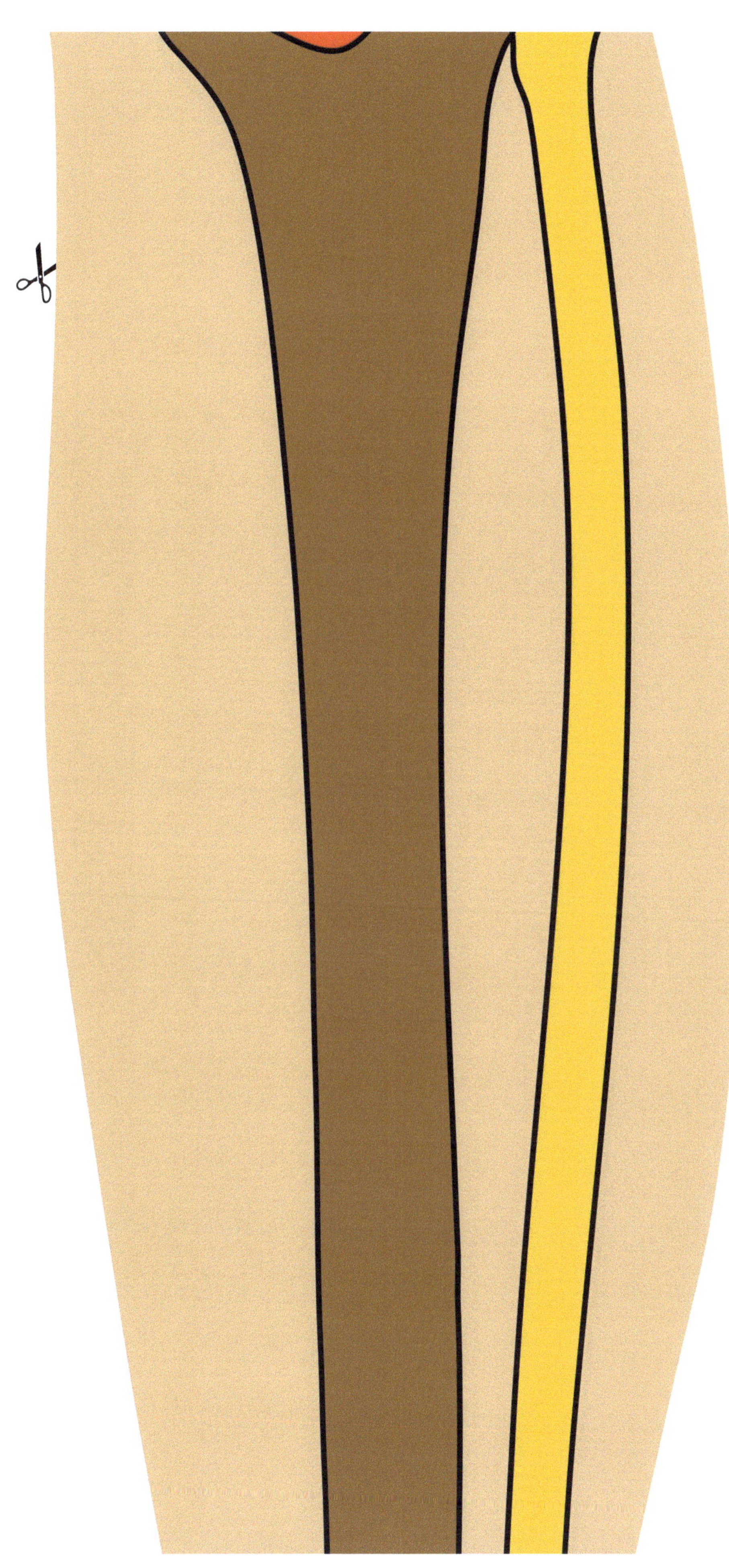

KOHL VERLAG DER MENSCHLICHE KÖRPER
Lege- und Lernmaterial - Band 78 / Das Skelett - Bestell-Nr. 15 078

# Legematerial

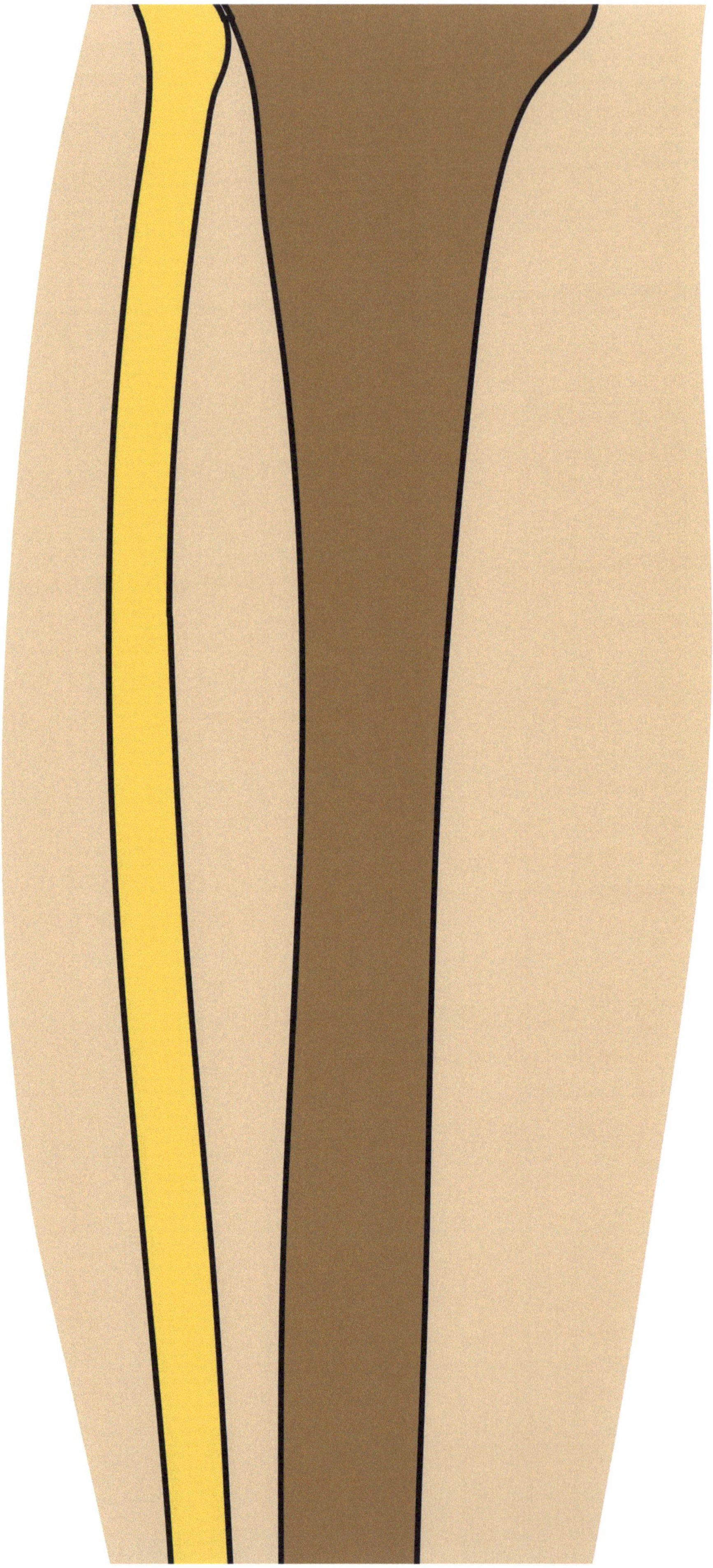

KOHL VERLAG DER MENSCHLICHE KÖRPER

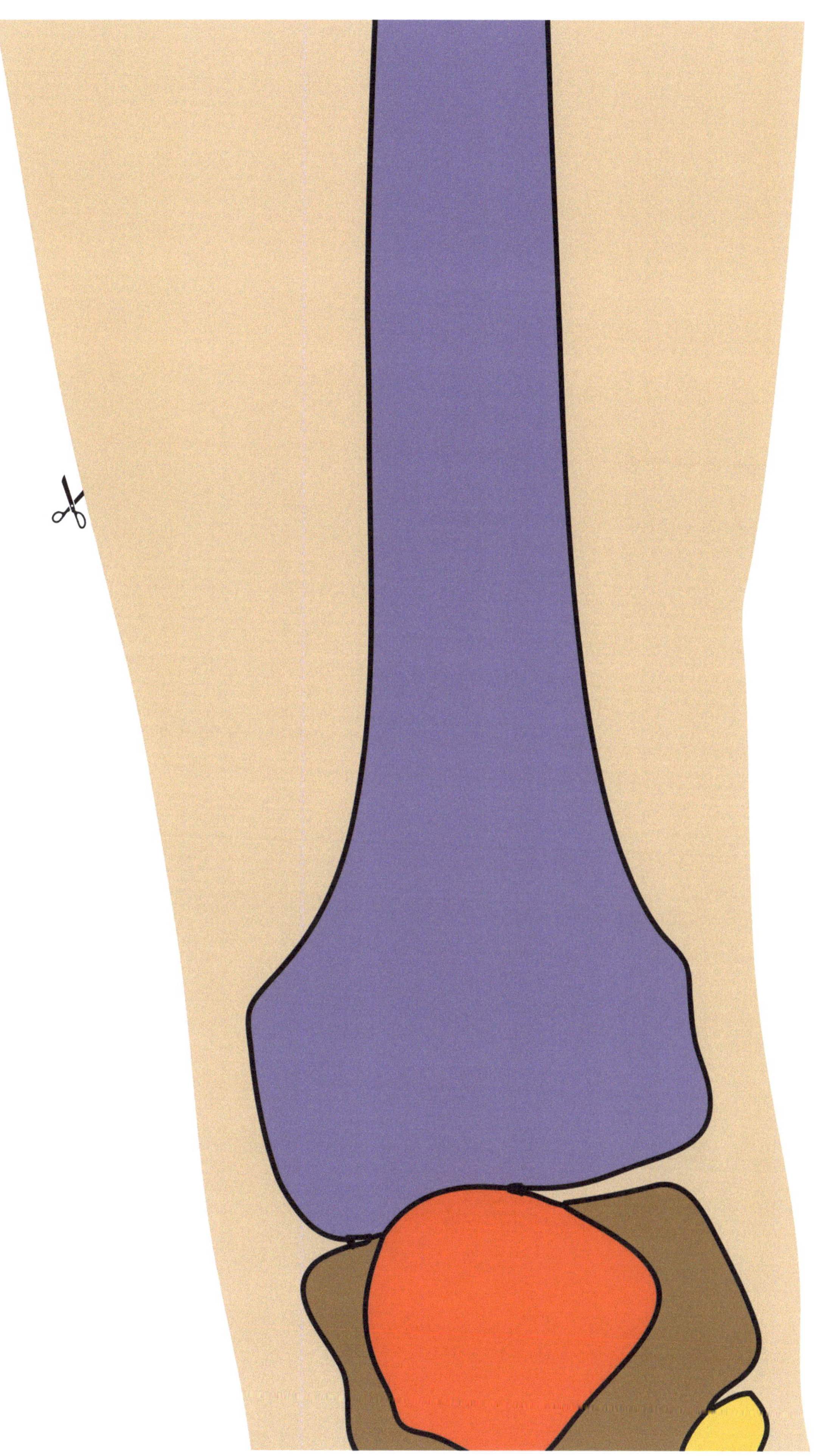

KOHL VERLAG DER MENSCHLICHE KÖRPER Lege- und Lernmaterial - Band 78 / Das Skelett – Bestell-Nr. 15 078

# Legematerial

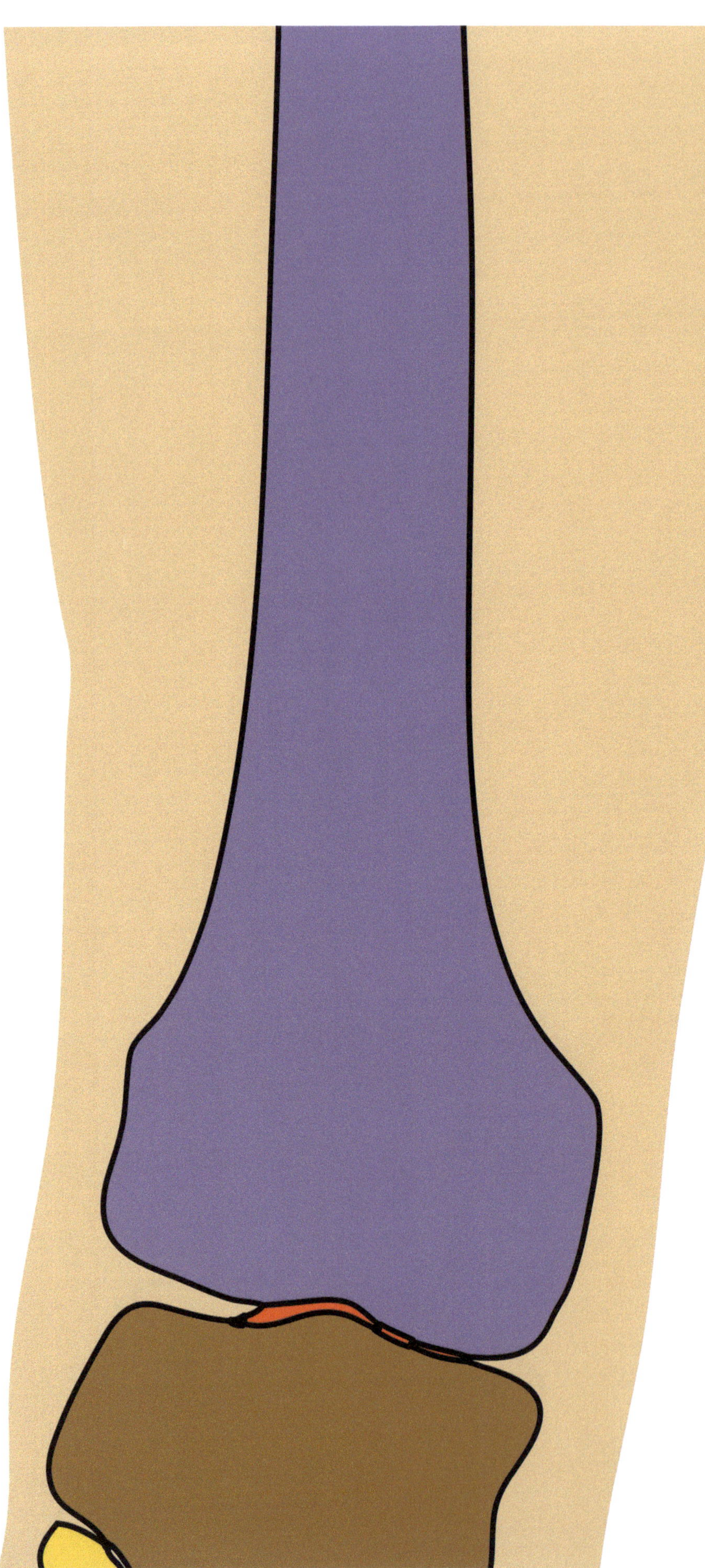

Lernen mit Erfolg KOHL VERLAG DER MENSCHLICHE KÖRPER
Lesen und Legematerial • Band 78 / Das Skelett – Bestell-Nr. 15 078

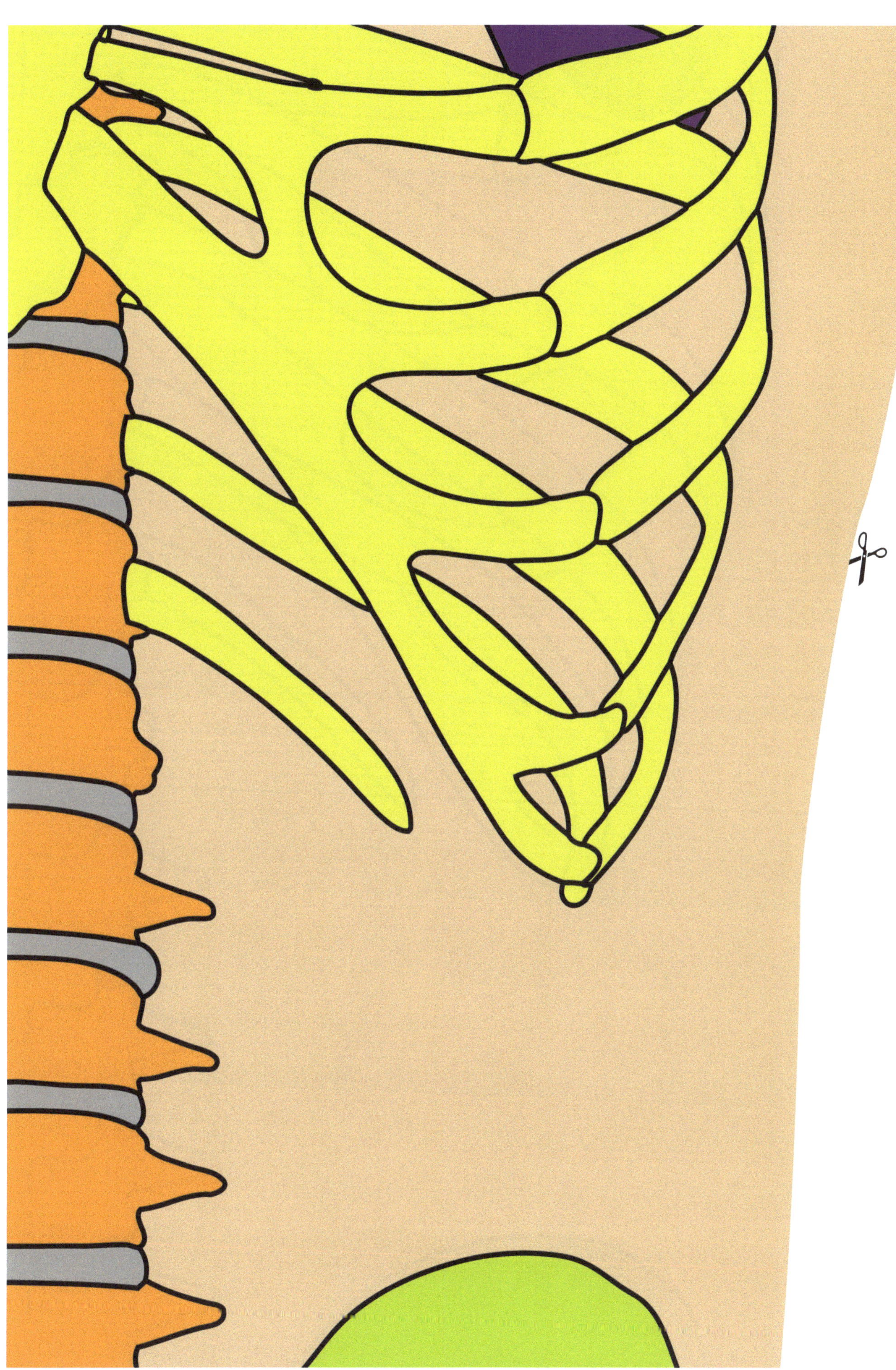

DER MENSCHLICHE KÖRPER
Lege- und Lernmaterial – Band 78 / Das Skelett – Bestell-Nr. 15 078
KOHL VERLAG

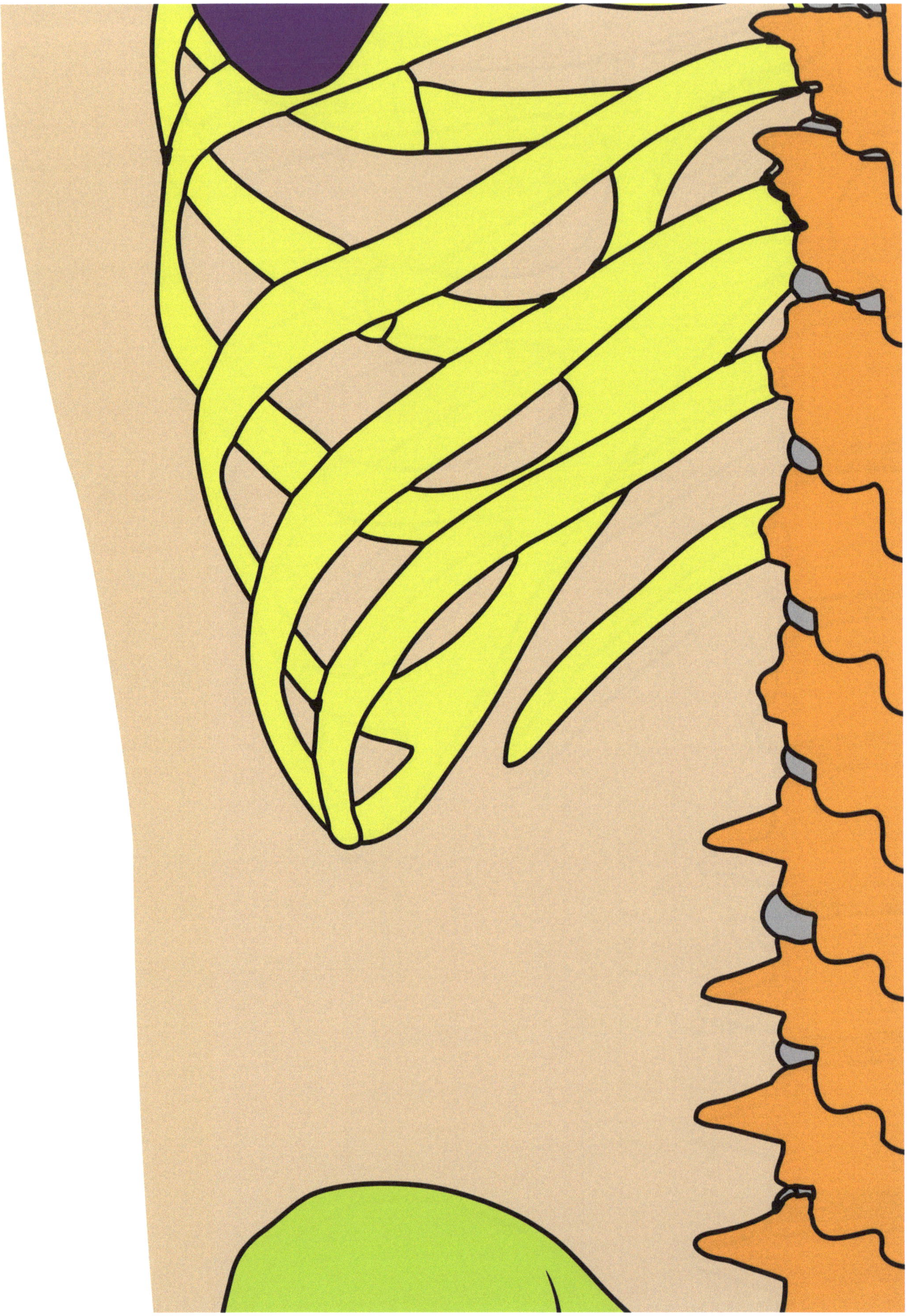

# Legematerial

KOHL VERLAG Lernen mit Erfolg
DER MENSCHLICHE KÖRPER
Bestell-Nr. 15 078

# Legematerial

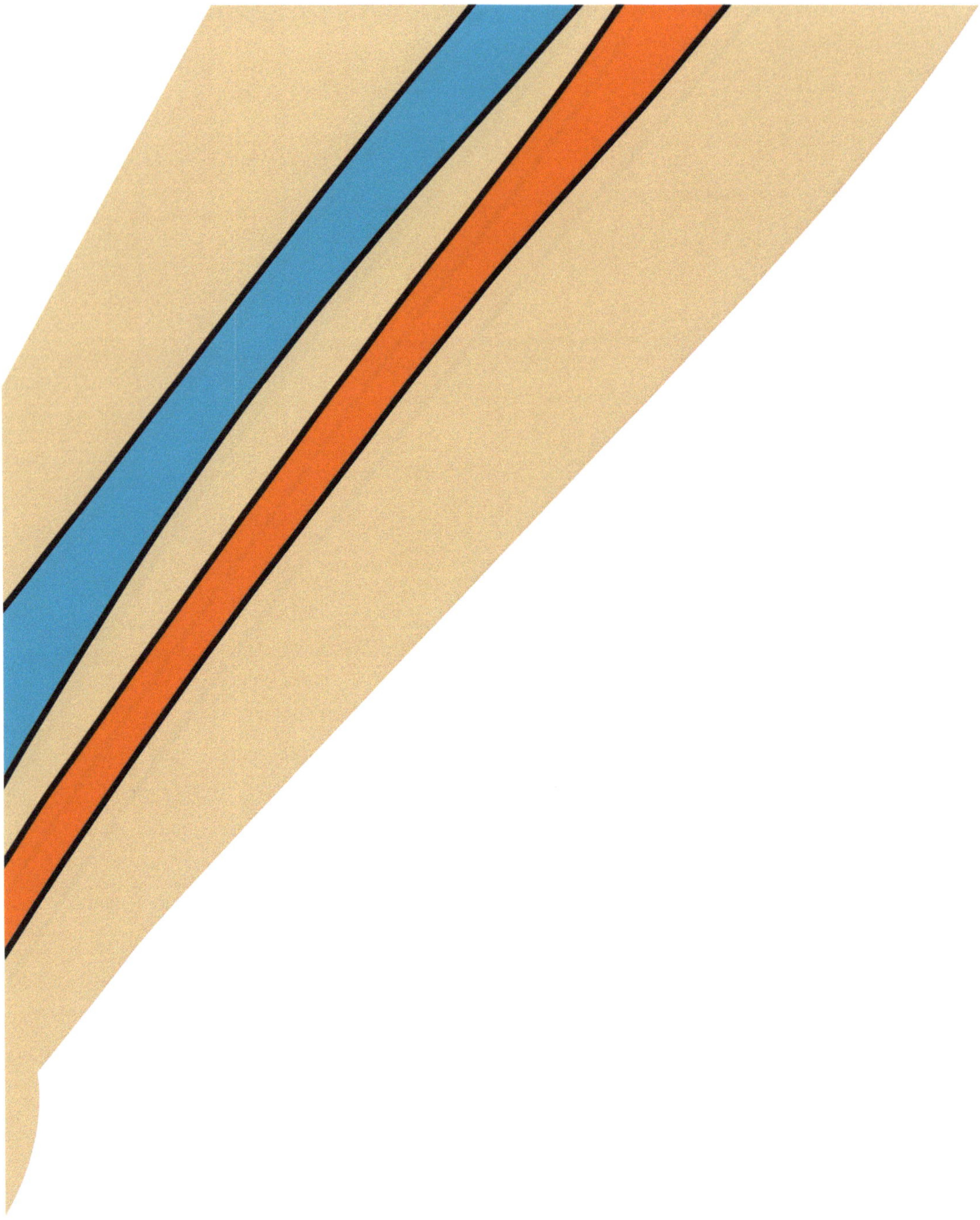

# Legematerial

KOHL VERLAG Lernen mit Erfolg
DER MENSCHLICHE KÖRPER
Band 38 / Das Skelett – Bestell-Nr. 15 078

# Legematerial

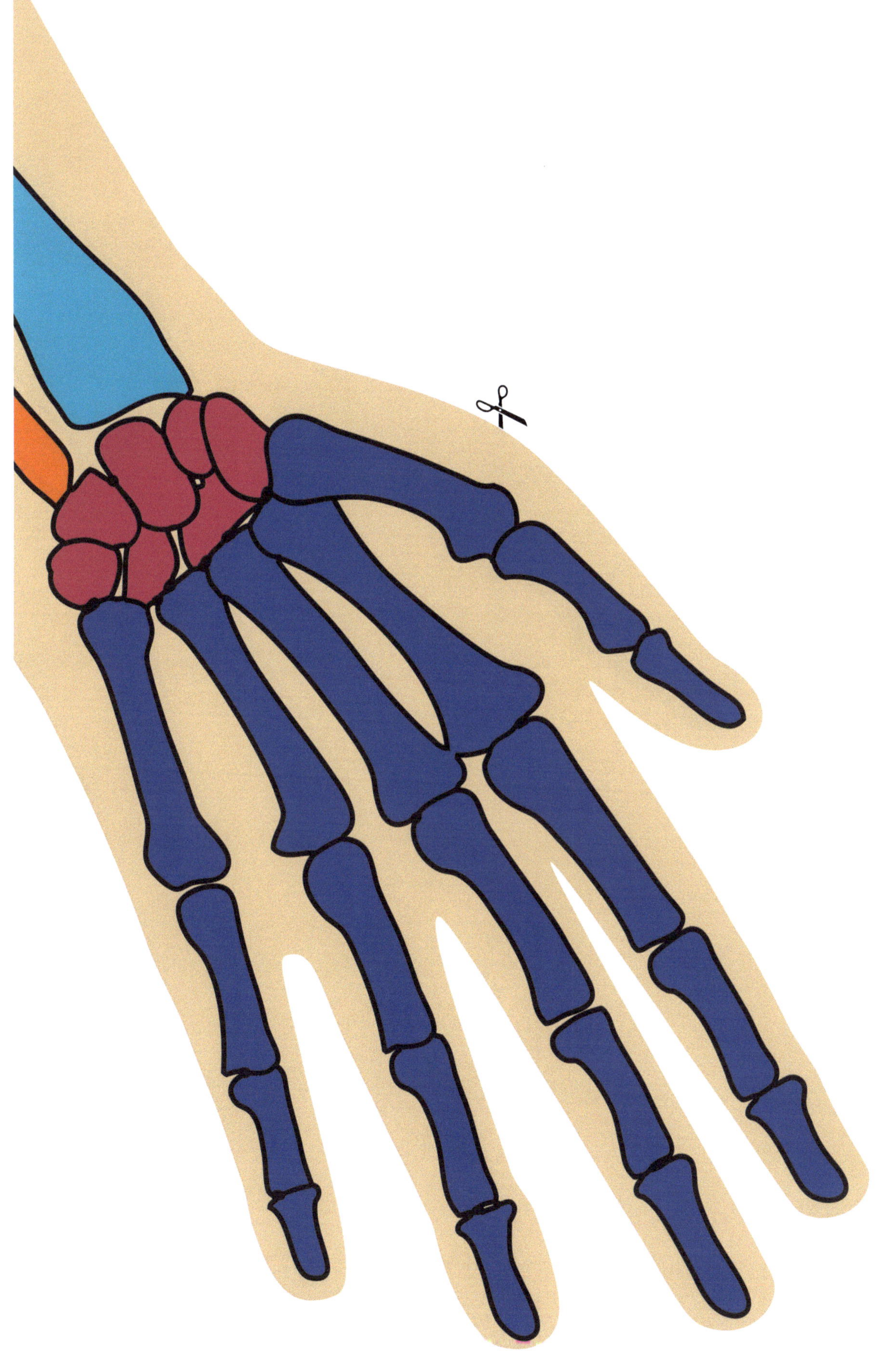

KOHL VERLAG DER MENSCHLICHE KÖRPER
Lege- und Lernmaterial - Band 78 / Das Skelett - Bestell-Nr. 15 078

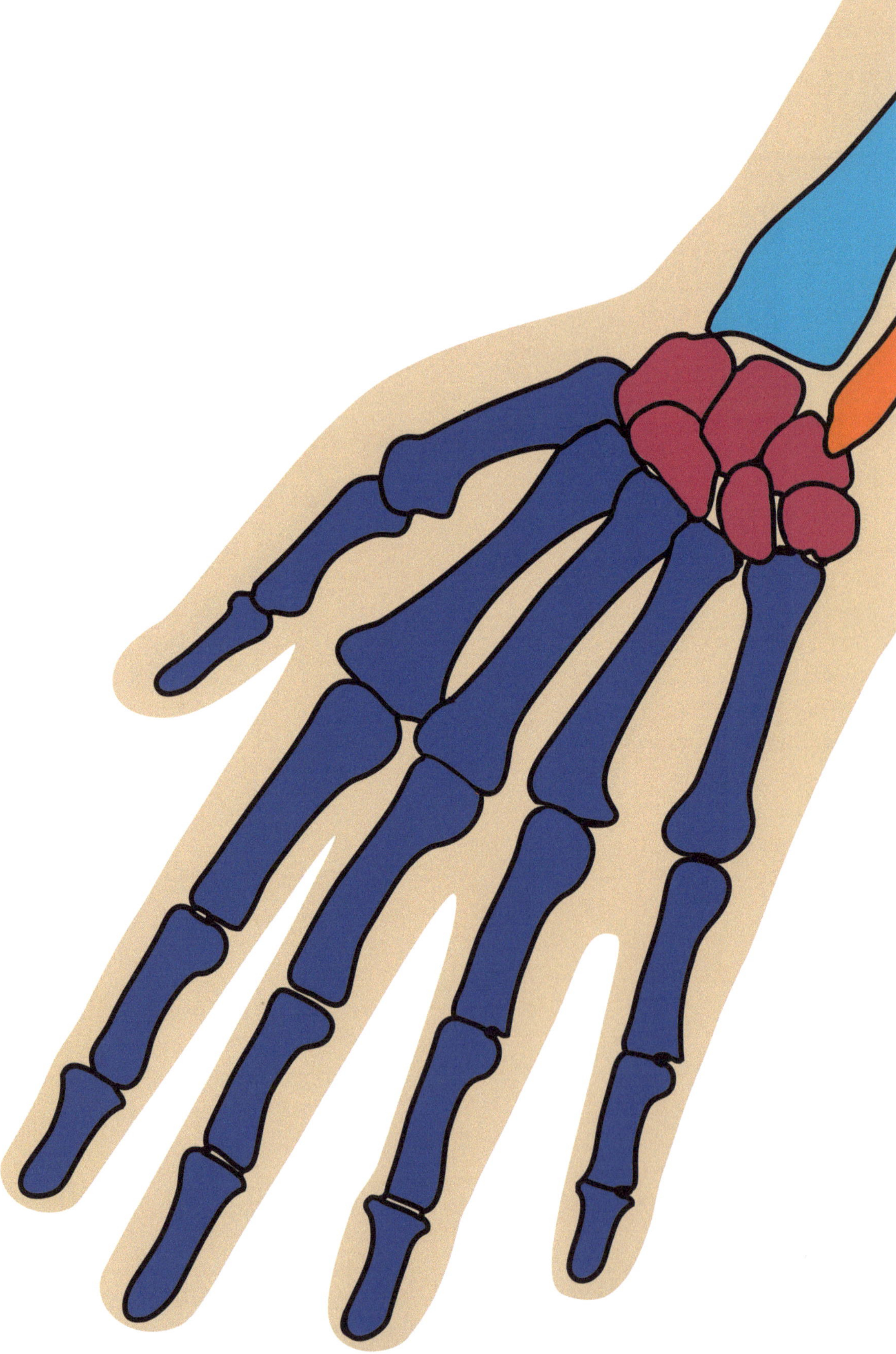

KOHL VERLAG Lernen mit Erfolg
DER MENSCHLICHE KÖRPER
Lese- und Legematerial - Band 78 / Das Skelett - Bestell-Nr. 15 078

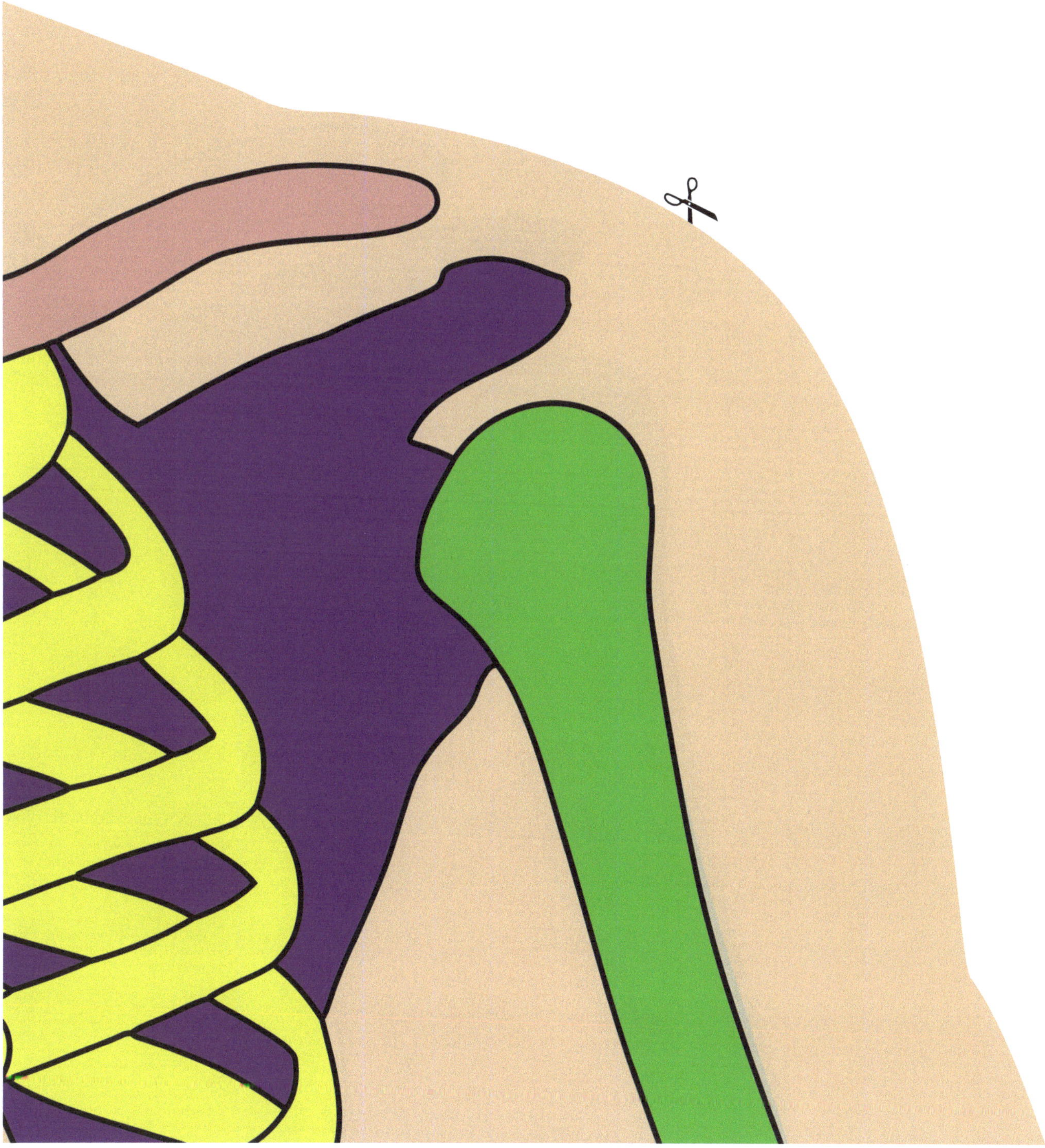

# Legematerial

KOHL VERLAG DER MENSCHLICHE KÖRPER Lege- und Lernmaterial - Band 78 / Das Skelett - Bestell-Nr. 15 078

# Legematerial

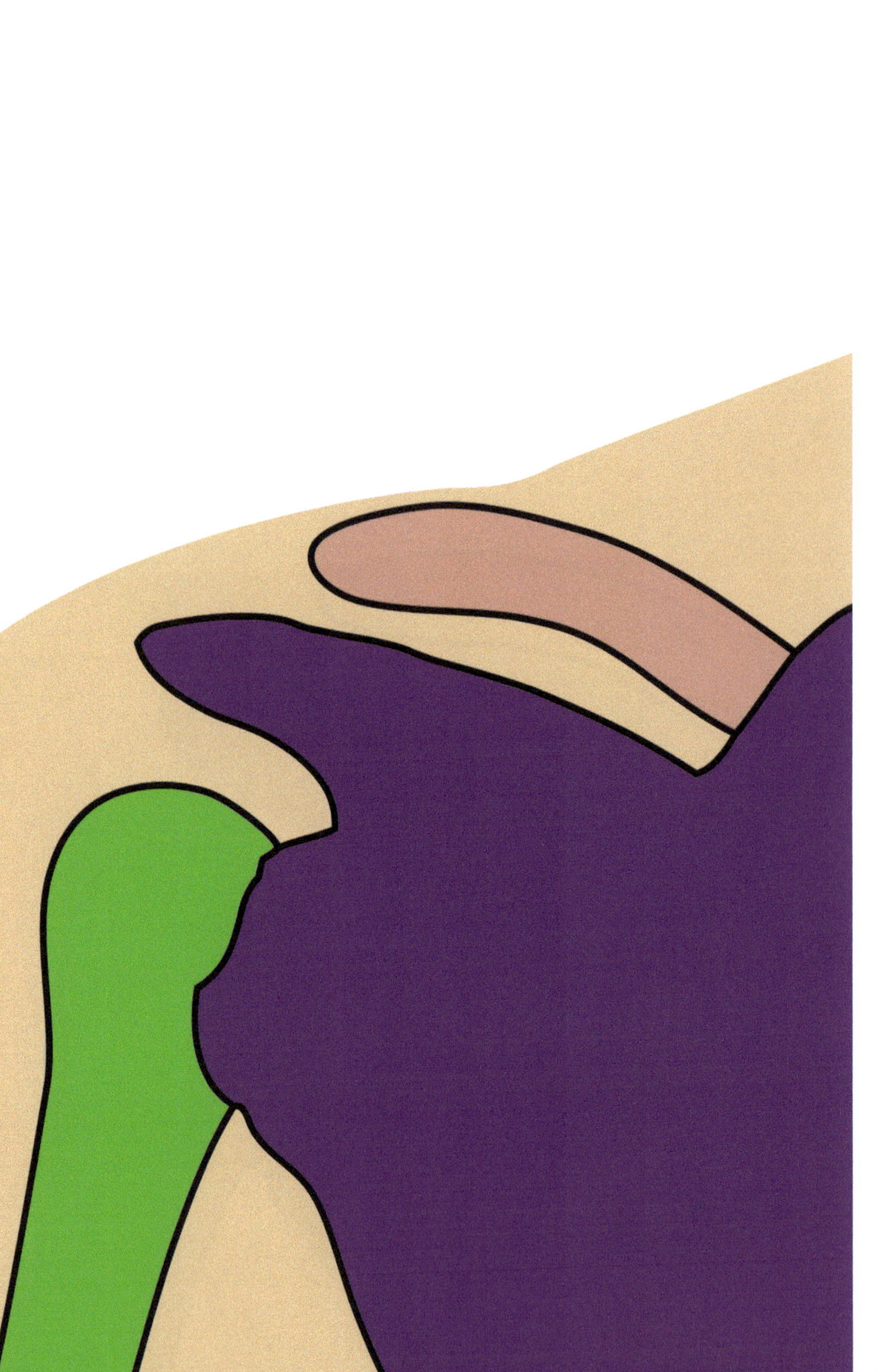

Lernen mit Erfolg KOHL VERLAG
DER MENSCHLICHE KÖRPER
Lege- und Lernmaterial - Band 78 / Das Skelett – Bestell-Nr. 15 078

# Legematerial

DER MENSCHLICHE KÖRPER
Lege- und Lernmaterial – Band 78 / Das Skelett – Bestell-Nr. 15 078
KOHL VERLAG

# Legematerial

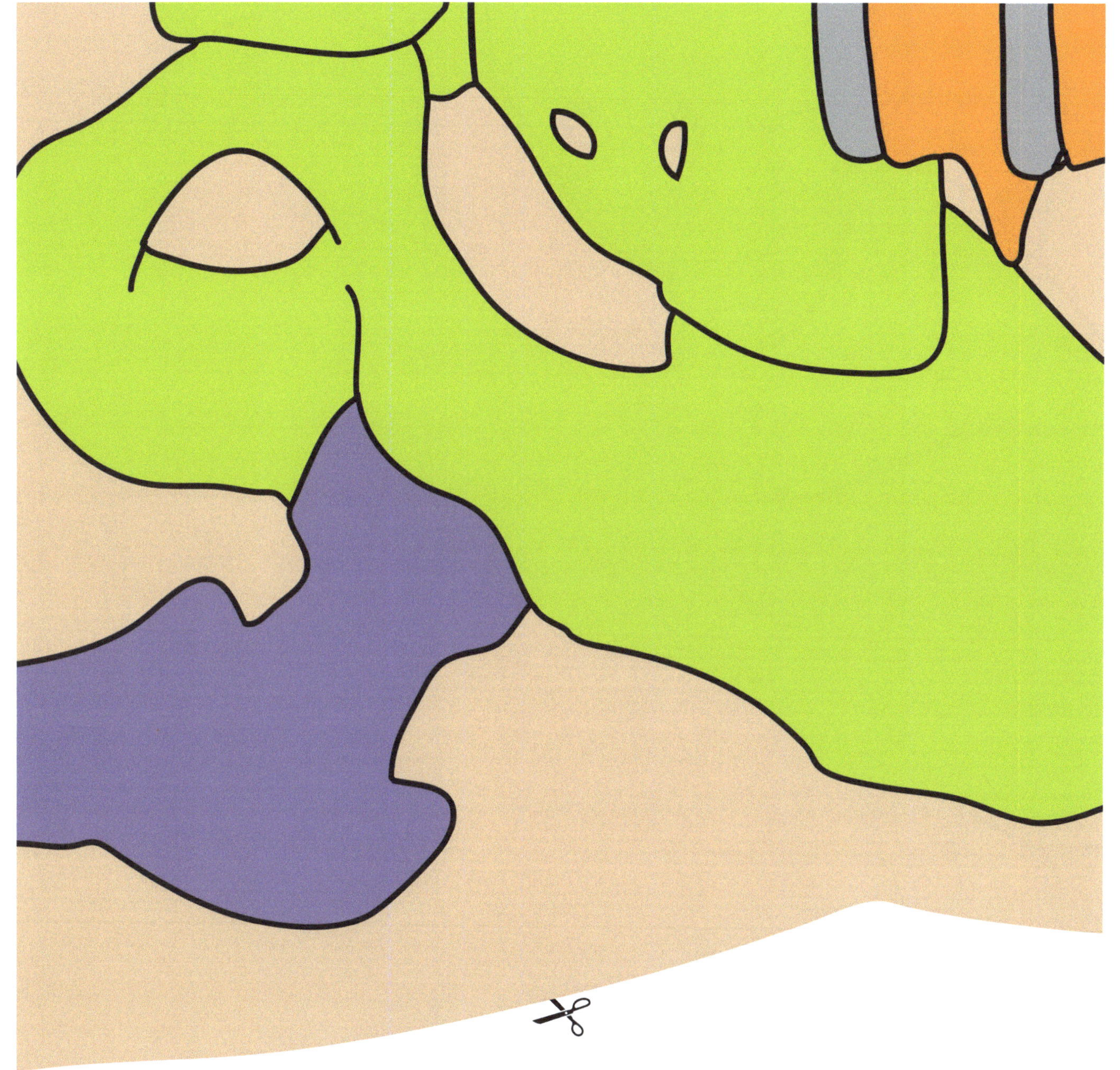

# Legematerial

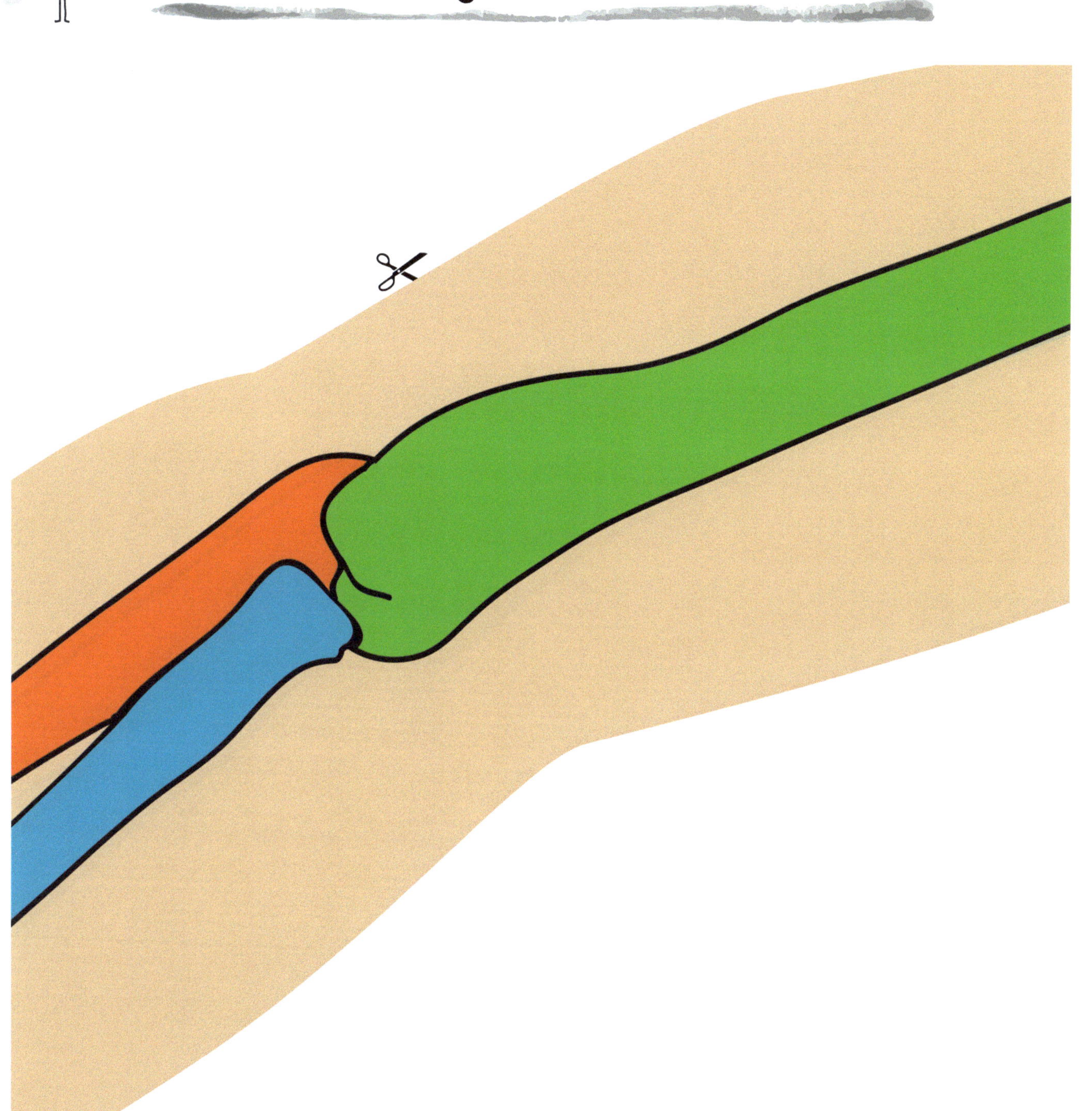

KOHL VERLAG DER MENSCHLICHE KÖRPER Lege- und Lernmaterial – Band 78 / Das Skelett – Bestell-Nr. 15 078

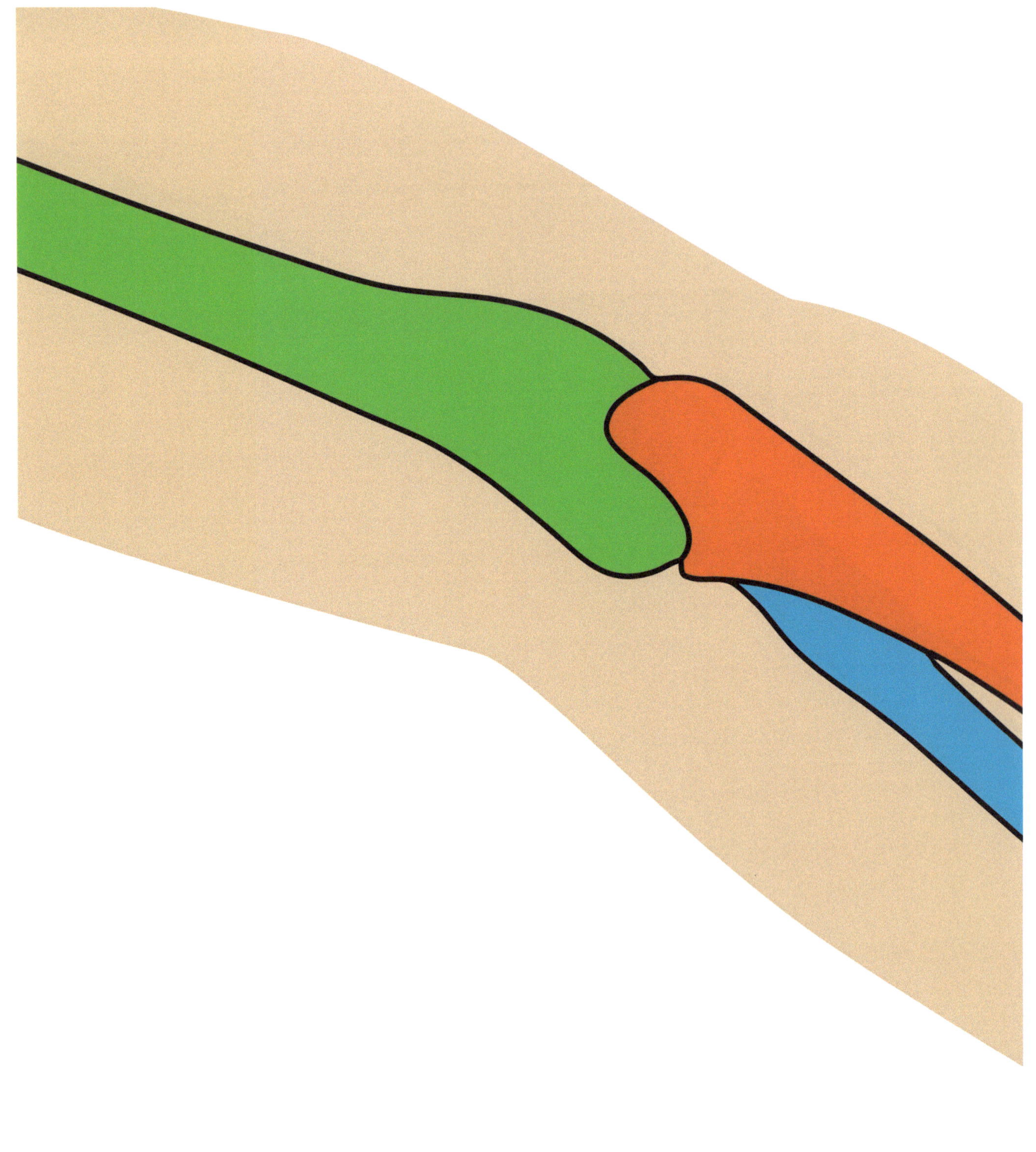

KOHL VERLAG Lernen mit Erfolg
DER MENSCHLICHE KÖRPER
Band 78 / Das Skelett – Bestell-Nr. 15 078

# Infokarten

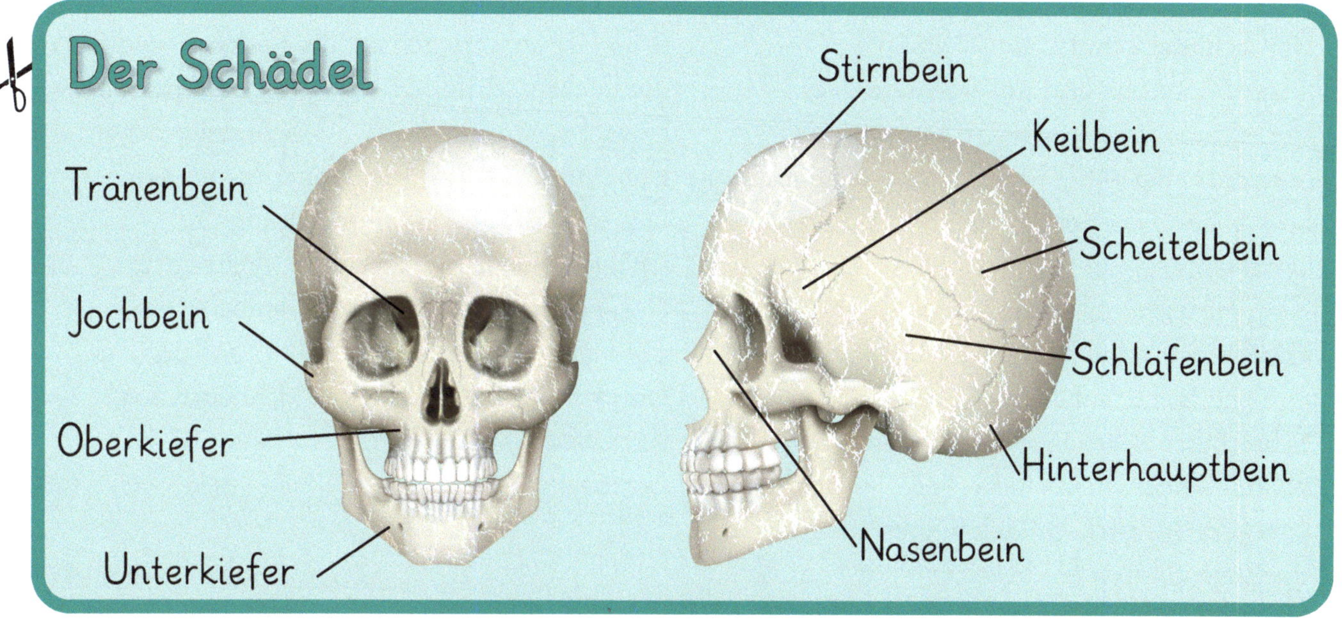


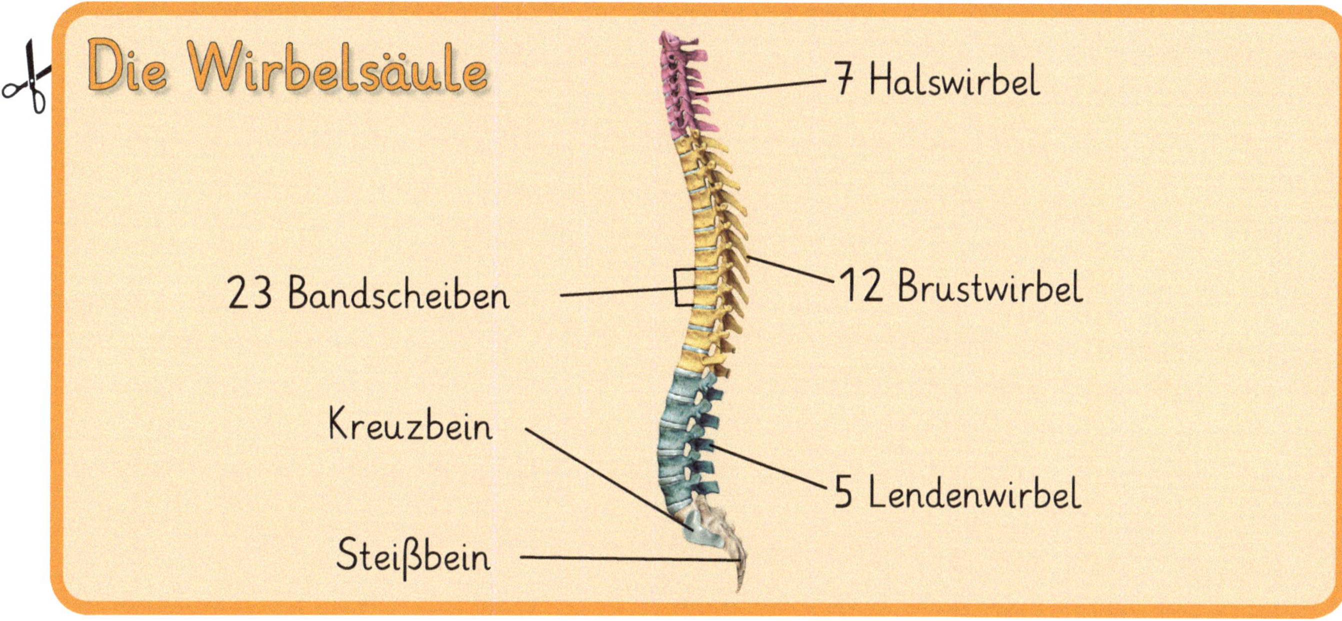


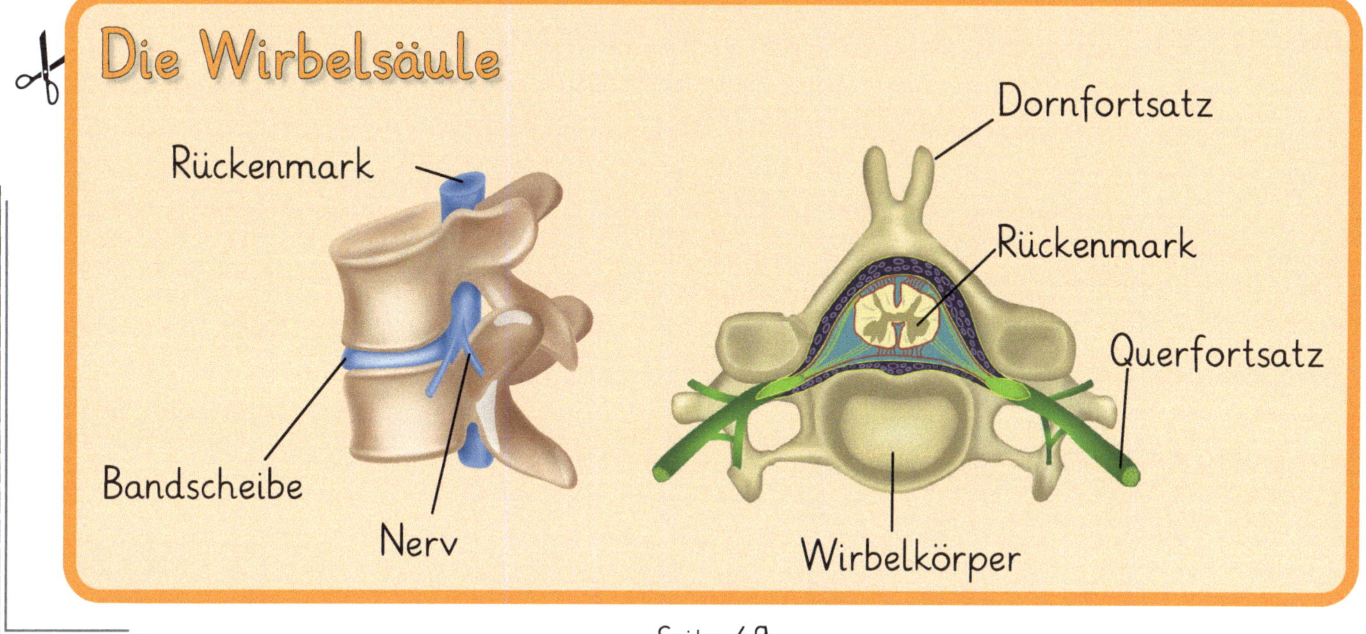



KOHL VERLAG
DER MENSCHLICHE KÖRPER
Lege- und Lernmaterial – Band 78 / Das Skelett – Bestell-Nr. 15 078

# Infokarten

**Der Schädel** schützt unser Gehirn, unser Mittelohr und unsere Augen vor Verletzungen. Die meisten Knochen des Schädels sind platt und starr. Der einzige bewegliche Knochen des Schädels ist der Unterkiefer.
Zum Hirnschädel gehören das Stirnbein, das Keilbein, das Hinterhauptbein, das paarige Schläfenbein und das paarige Scheitelbein. Neugeborene haben 27 Schädelknochen. Zwischen den einzelnen Knochen des Hirnschädels haben sie Lücken, die sogenannten Fontanellen. In den ersten drei Jahren verwachsen die Knochen und die Lücken schließen sich. So zählt man bei Erwachsenen nur noch 22 Schädelknochen. Das Baugerüst unseres Gesichtes ist der Gesichtsschädel. Zu ihm zählen der Unterkiefer, der Oberkiefer, das paarige Nasenbein, das paarige Tränenbein, die paarige untere Nasenmuschel, das paarige Gaumenbein, das paarige Jochbein (das Backenbein), das Pflugscharbein und das Siebbein.

**Die Wirbelsäule** hält den Körperstamm aufrecht und trägt den Schädel. Die 33 Wirbel der Wirbelsäule bilden fünf Abschnitte (von oben nach unten): 7 Halswirbel, 12 Brustwirbel, 5 Lendenwirbel, 5 Kreuzbeinwirbel und 4 bis 5 Steißbeinwirbel. Jeder Wirbel besteht aus einem größeren Wirbelkörper und einem schmaleren Wirbelbogen mit mehreren Fortsätzen: zwei Querfortsätze (rechts und links), dem Dornfortsatz und vier Gelenkfortsätze. Die Mitte der Wirbel ist hohl. Durch die hohle Mitte verläuft von oben nach unten ein Schlauch aus Nerven, das Rückenmark. Dieses funktioniert wie ein Kabel, das Infos zwischen dem Gehirn und dem Körper austauscht.
Die Wirbel sind unterschiedlich beweglich und groß. Die sieben Halswirbel tragen den Kopf. Sie sind am kleinsten und am beweglichsten. An den zwölf Brustwirbeln sind die Rippen befestigt.

1/2

Die fünf Lendenwirbel sind am größten und am stärksten, aber nicht sehr beweglich. Die fünf Kreuzwirbel sind miteinander verwachsen und bilden somit eine Knochenplatte. Den untersten Abschnitt der Wirbelsäule bildet das Steißbein mit mehreren zusammenverwachsenen Wirbeln. Zwischen dem zweiten Halswirbel und dem Kreuzbein befinden sich insgesamt 23 runde, flexible, knorpelige Scheiben. Sie werden Bandscheiben genannt. Dank den Bandscheiben werden die Belastungen und Stöße abgefedert, sie wirken also als Stoßdämpfer für die benachbarten Wirbeln. Die Beweglichkeit unserer Wirbelsäule hängt wesentlich von den Bandscheiben ab. Ohne gut funktionierende Bandscheiben kann sich die Wirbelsäule nicht frei bewegen: Bei jeder Bewegung hat man starke Rückenschmerzen.

2/2

KOHL VERLAG DER MENSCHLICHE KÖRPER Lesen und Lernmaterial – Band 38 / Das Skelett – Bestell-Nr. 15 078

# Infokarten

## Der Brustkorb

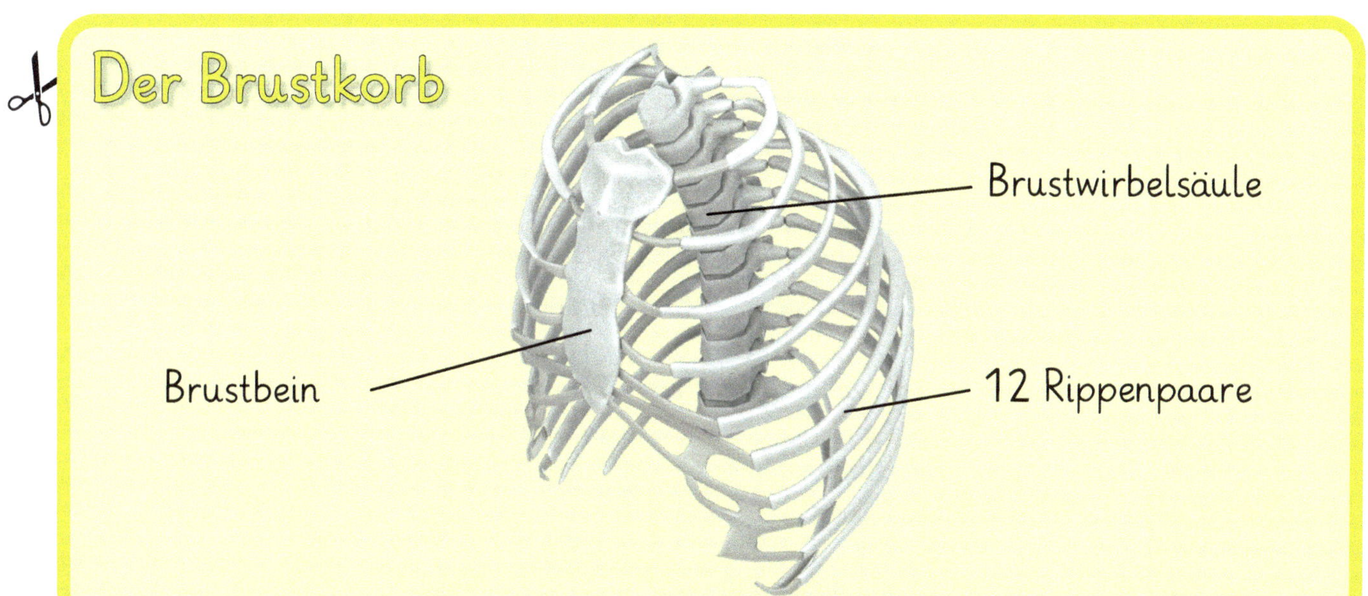


## Das Schulterblatt

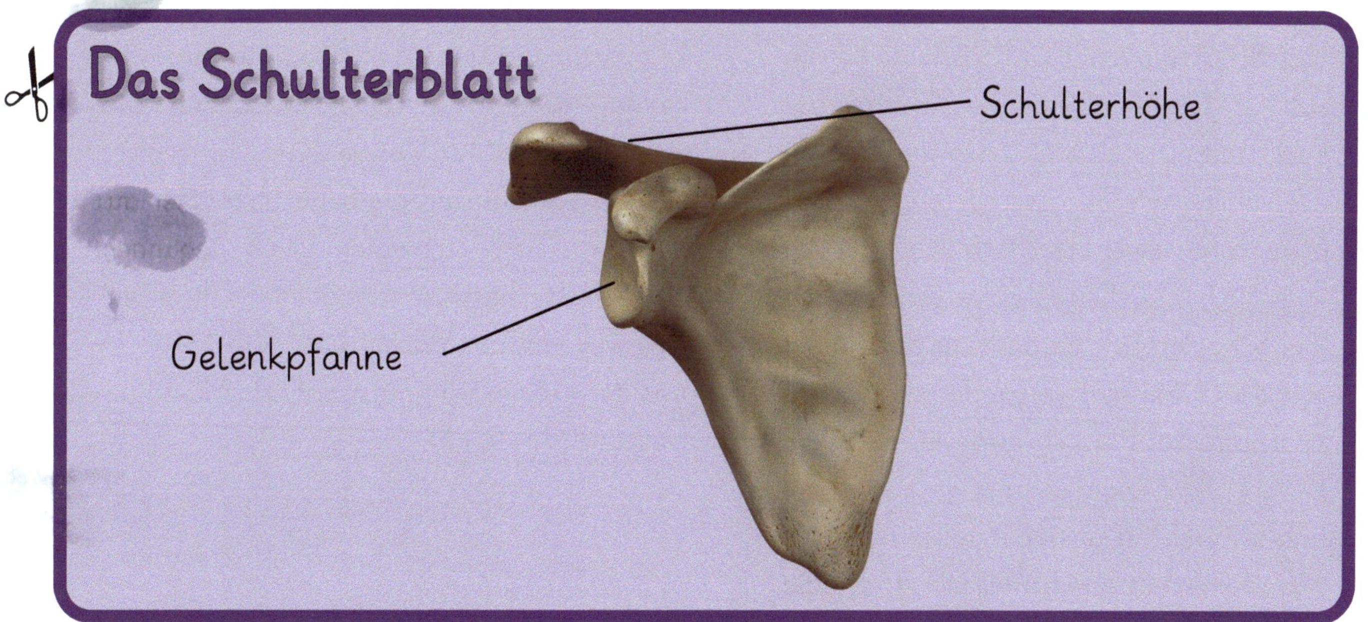


## Das Schlüsselbein

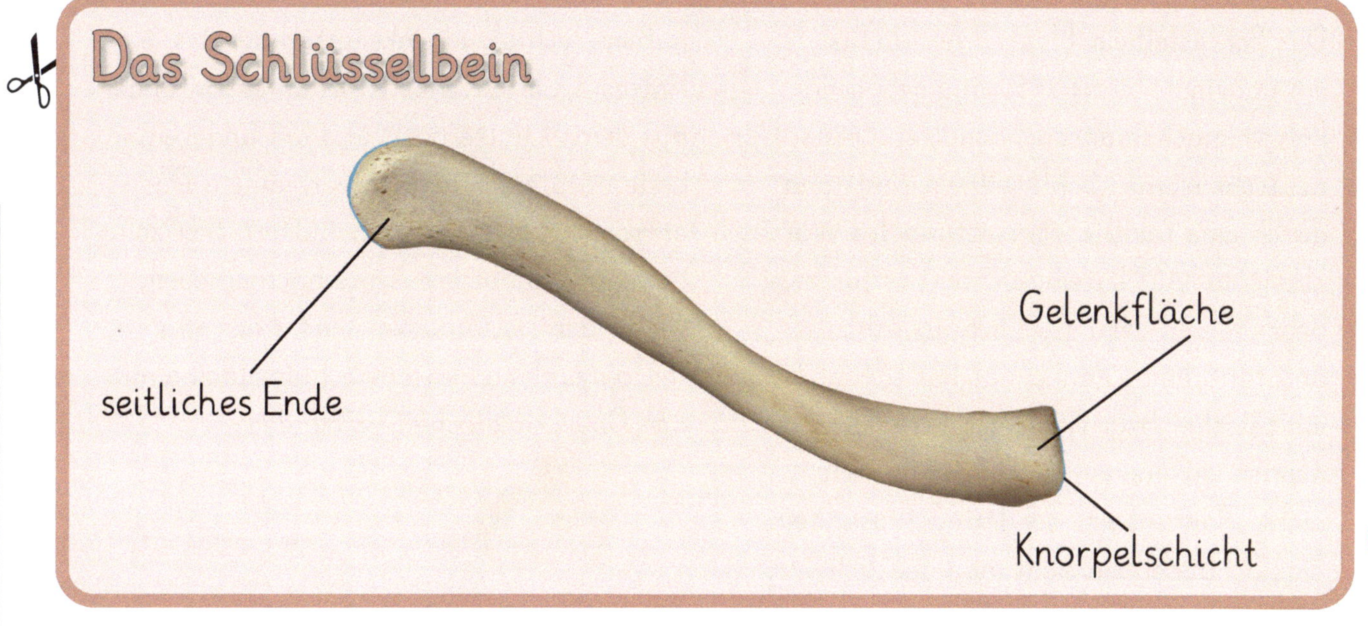


KOHL VERLAG DER MENSCHLICHE KÖRPER
Lege- und Lernmaterial - Band 78 / Das Skelett - Bestell-Nr. 15 078

# Infokarten

**Der Brustkorb** (*lat. Thorax*) besteht aus der Brustwirbelsäule, dem Brustbein und den zwölf Rippenpaaren. Er umschließt die Brusthöhle und schützt so das Herz, die Lunge, die Speiseröhre und die Luftröhre. Die Rippen sind schmal und bogenförmig. Mit ihren Enden sind sie an der Wirbelsäule und am Brustbein befestigt. Nur die beiden unteren Rippenpaare sind nicht mit dem Brustbein verbunden und enden frei. Dank Knorpeln, Muskeln und Bändern bleibt der Brustkorb flexibel und kann sich beim Atmen heben und senken. Der ganze Brustkorb ist mit Brustmuskeln bedeckt.
Das Brustbein (*lat. Sternum*) ist ein länglicher, platter Knochen und hat die Form eines Schwertes. Es befindet sich in der Brust zwischen den sieben oberen Rippenpaaren. Oben ist das Brustbein mit dem Schultergürtel und an den Seiten mit den Rippen durch den Knorpel gelenkig verbunden. Man kann das Brustbein in drei Teile gliedern: oben der Handgriff des Brustbeins (*lat. Manubrium sterni*), mittig der Körper des Brustbeins (*lat. Corpus sterni*) und unten der Schwertfortsatz (*lat. Processus xiphoideus*).

**Das Schulterblatt** (*lat. Scapula*) ist ein flacher, breiter, dreieckiger Knochen im Rückenbereich. Es bildet den hinteren Teil des knöchernen Schultergürtels. Jeder Mensch hat zwei Schulterblätter, jeweils eines auf jeder Seite des Rückens. Durch das Schulterblatt ist der Rumpf gelenkig mit dem Oberarm verbunden und ist fast komplett mit Muskeln bedeckt. Es ist der beweglichste Knochen unseres Skelettes und unterstützt unsere Armbewegungen.
Man unterteilt das Schulterblatt in eine knöcherne Leiste an der Rückseite (*lat. Spina scapulae*) und einen Vorsprung (*lat. Akromion*) an der Vorderseite.
Durch Muskeln sind die Schulterblätter mit dem Brustkorb verbunden. Die Bewegungen des Schulterblattes nach oben, nach unten und weg von der Wirbelsäule ermöglicht uns der kleine Brustmuskel (*lat. Musculus pectoralis minor*).

**Das Schlüsselbein** (*lat. Clavicula*) ist ein paariger, leicht s-förmig gebogener Röhrenknochen unseres Schultergürtels. Der deutsche Name „Schlüsselbein" entstand durch eine falsche Übersetzung des Wortes clavicula: Auf Lateinisch steht es für zwei Begriffe und zwar für „Schlüsselchen" und für „dünne Ranke". Es hat sich also ein falscher Begriff festgesetzt und jetzt nennen wir diesen gebogenen Knochen nicht „Rankenbein" sondern Schlüsselbein.
Das Schlüsselbein sieht man deutlich von außen, rechts und links unterhalb des Halses. Über Gelenke ist es an einem Ende mit dem Schulterblatt und am anderen Ende mit dem Brustbein verbunden. Das ermöglicht uns, unsere Schultern frei zu bewegen und unsere Arme hochzuheben.
Durch den Deltamuskel (*lat. Musculus deltoideus*) sind unsere Schlüsselbeine mit den Oberarmknochen verbunden.



KOHL VERLAG Lernen mit Erfolg – DER MENSCHLICHE KÖRPER Lern- und Lernmaterial – Band 38 / Das Skelett – Bestell-Nr. 15 078

# Infokarten

## Der Oberarmknochen

Knorpelschicht

Hals

Kopf

Knochenvorsprünge

Schaft

unteres Ende

## Die Elle

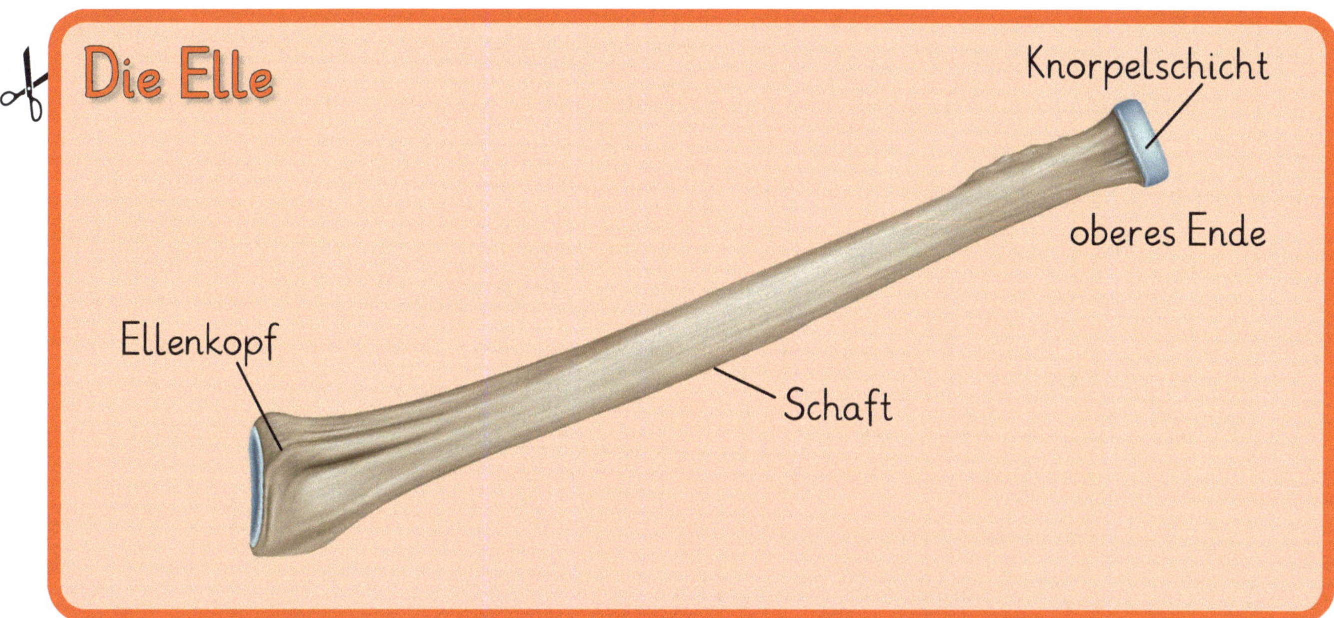


## Die Speiche

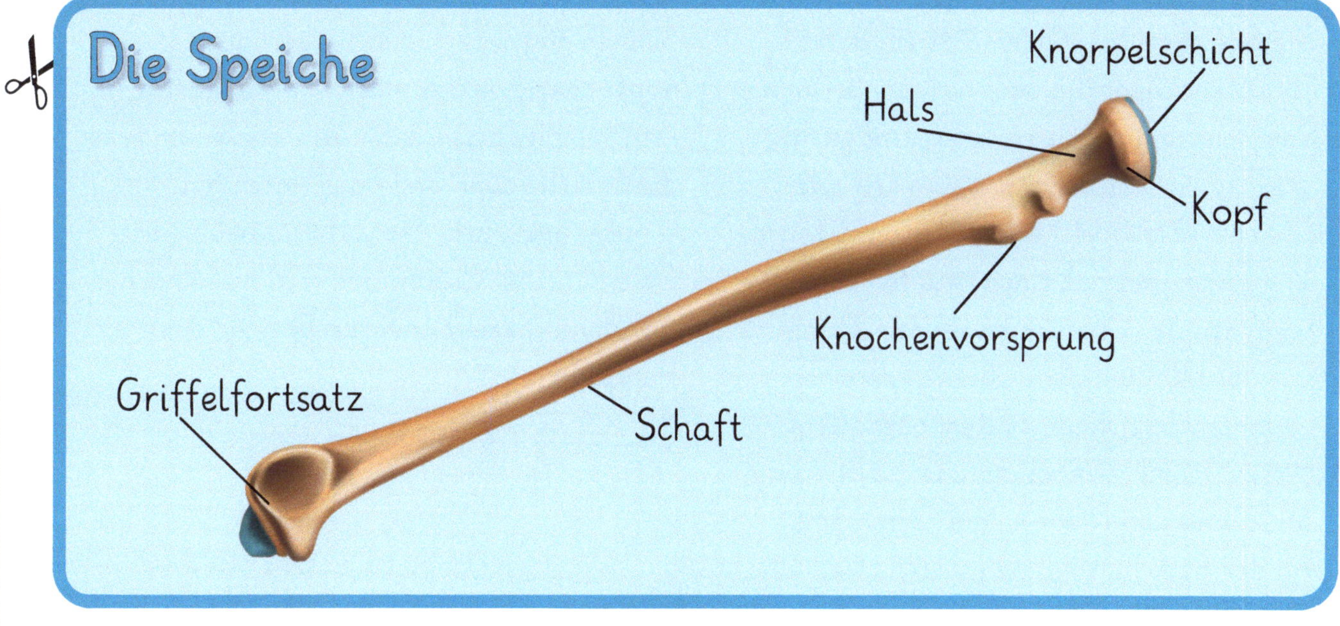


KOHL VERLAG
DER MENSCHLICHE KÖRPER
Lege- und Lernmaterial – Band 78 / Das Skelett – Bestell-Nr. 15 078

# Infokarten

**Der Oberarmknochen** (*lat. Humerus*) ist einer der längsten und stärksten Röhrenknochen des Menschen. Durch den fast kugelförmigen Oberarmkopf an seinem oberen Ende ist er mit der Schulter bzw. mit dem Schulterblatt verbunden. Zusammen bilden sie das Schultergelenk, das es ermöglicht, unsere Arme in alle Richtungen zu drehen. Den Oberarmknochen kann man in vier Teile gliedern: den Kopf, den Hals, den Schaft und das untere Ende. Am Schaft setzen Muskeln und Sehnen an. Im Inneren des Oberarmknochens befindet sich ein Kanal mit dem Knochenmark. Unten ist der Oberarmknochen mit dem Ellenbogengelenk bzw. mit dem Unterarm verbunden. An der Rückseite des Oberarmknochens verläuft eine Rinne – die sogenannte Speichennervengrube. Dort befindet sich die Schlagader (Arterie) des Oberarms und der Radialisnerv.

**Die Elle** (*lat. Ulna*) ist einer der beiden Röhrenknochen unseres Unterarms. Sie befindet sich auf der Seite des kleinen Fingers und neben der Speiche. Die Elle ist mit der Speiche über zwei Gelenke sowie über mehrere Faserstränge bzw. über eine Membran verbunden. Das obere Ende der Elle endet mit einem Ellenbogenhöcker. Das untere Ende ist der Ellenkopf und geht in den Griffelfortsatz über. Diesen Fortsatz sieht man an der Seite des kleinen Fingers oberhalb des Handgelenkes. Man gliedert die Elle in drei Teile: das obere Ende (*lat. Olecranon*), den Körper (*lat. Corpus ulnae*) und den Ellenkopf (*lat. Caput ulnae*). Zusammen mit der Speiche und dem Oberarmknochen bildet die Elle das Ellenbogengelenk. Wie andere Röhrenknochen besitzt auch die Elle einen Kanal mit Knochenmark. Die Elle dient als Ansatz für die Muskeln, mit denen wir unsere Finger und Hände beugen.

Die **Speiche** (*lat. Radius*) ist ein dünner Röhrenknochen. Sie liegt auf der Seite des Daumens und ist durch Faserstränge mit der Elle verbunden. Das obere Ende der Speiche (der Speichenkopf) ist mit Knorpel überzogen und hat eine Delle für das Köpfchen des Oberarmknochens. Zusammen mit der Elle und dem Oberarmknochen bildet die Speiche das Ellenbogengelenk. Dieses Gelenk ermöglicht uns die Beugung, Streckung und Drehung des Unterarms. An der Speiche sind mehrere Muskeln und Sehnen angesetzt. Gleich oberhalb des Kopfes der Speiche setzt z. B. die lange, kräftige Bizepssehne an. Am oberen Ende ist die Speiche dünn und nach unten hin wird sie breit und dick. Sie endet unten in einer Gelenkfläche: Zusammen mit zwei Knochen der Handwurzel bildet die Speiche das Handgelenk.



Lernen mit Erfolg KOHL VERLAG DER MENSCHLICHE KÖRPER Lesen und Lernmaterial – Band 38 / Das Skelett – Bestell-Nr. 15 078

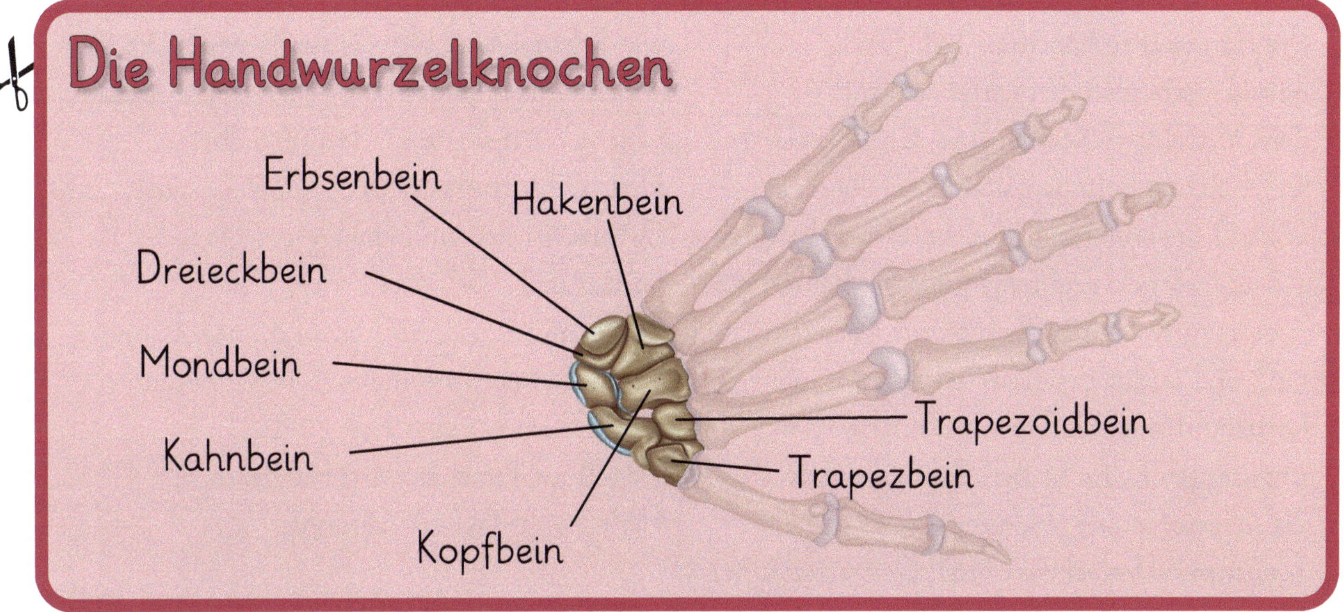


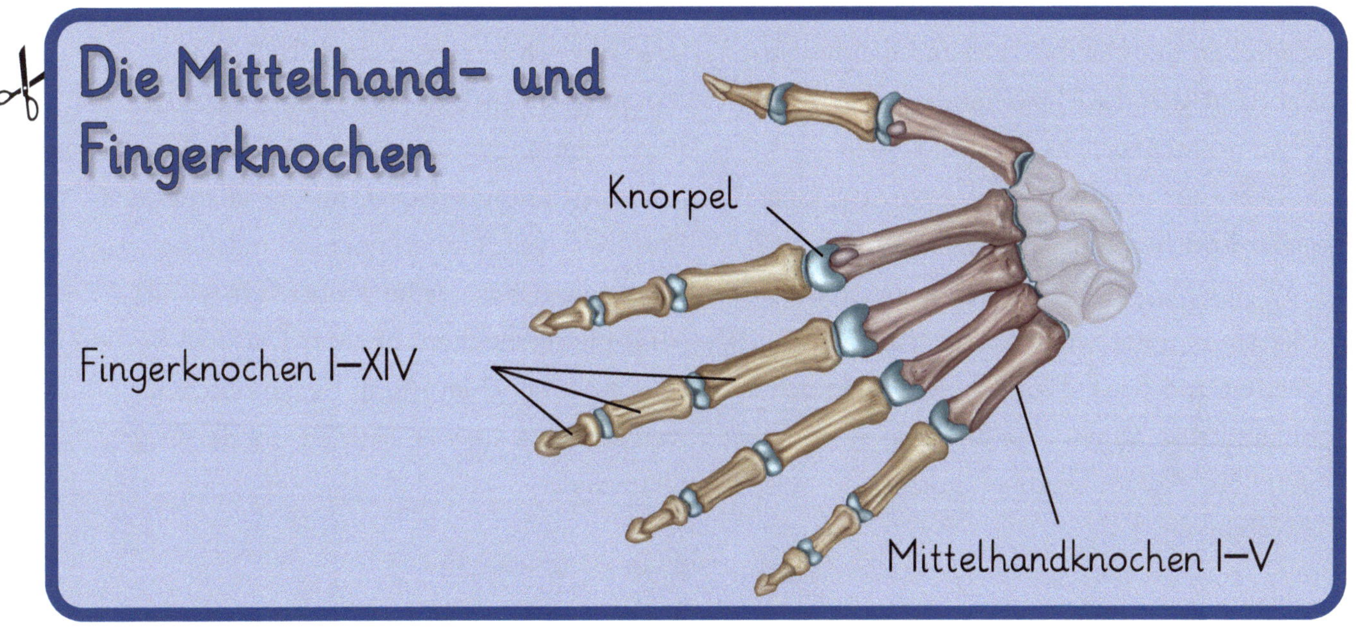


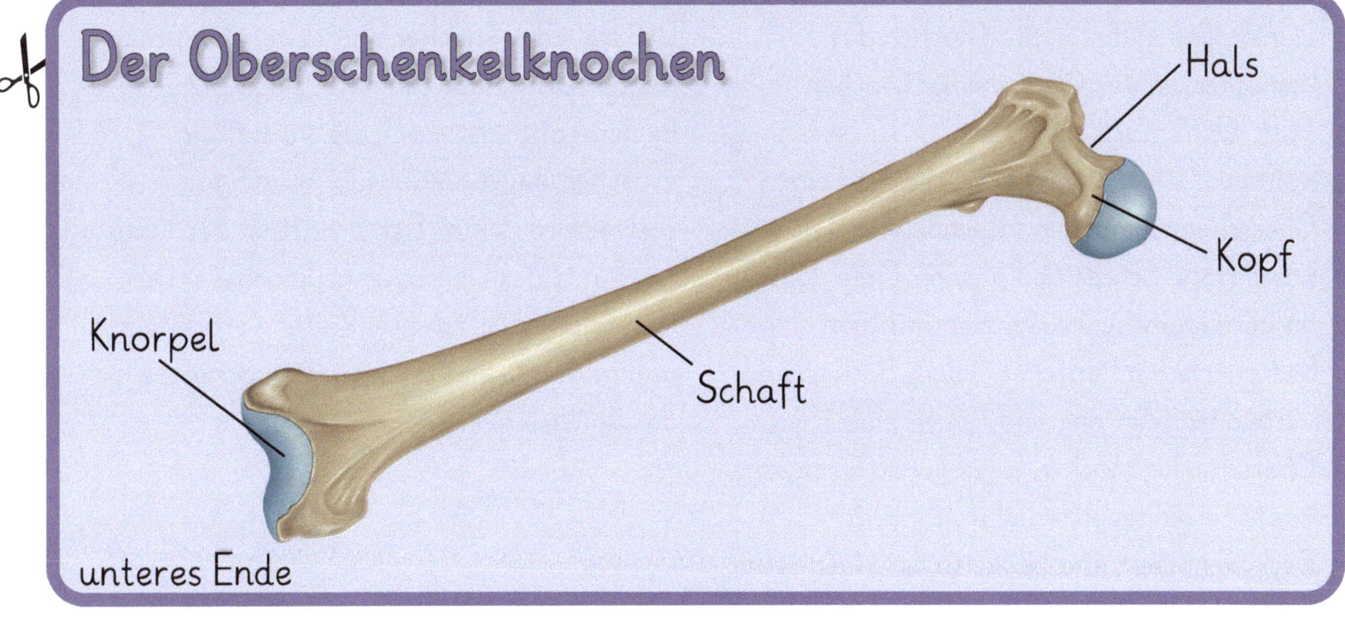




KOHL VERLAG DER MENSCHLICHE KÖRPER Lege- und Lernmaterial – Band 78 / Das Skelett – Bestell-Nr. 15 078

# Infokarten

**Die Handwurzelknochen** (*lat. Ossa carpi*) verbinden den Unterarm mit dem Mittelarmknochen. Die acht kurzen Knöchelchen befinden sich in der Wurzel (Basis) unserer Hand. Sie sind würfel- oder zylinderförmig und liegen in zwei Reihen vor – in der proximalen Reihe (zur Körpermitte hin) und in der distalen Reihe (von der Körpermitte weg). Die vier Knochen der proximalen Reihe heißen: Kahnbein (*lat. Os scaphoideum*), Mondbein (*lat. Os lunatum*), Dreieckbein (*lat. Os triquetrum*) und Erbsenbein (*lat. Os pisiforme*). Die vier Knochen der distalen Reihe sind: Trapezbein (*lat. Os trapezium*), Trapezoidbein (*lat. Os trapezoideum*), Kopfbein (*lat. Os capitatum*) und Hakenbein (*lat. Os hamatum*).
Alle Handwurzelknochen sind untereinander durch Bänder verbunden. Die Verbindung der Handwurzelknochen zu den Mittelhandknochen wird Handwurzel-Mittelhand-Gelenk genannt.

Zwischen der Handwurzel und den Fingern befinden sich **die Mittelhandknochen** (*lat. Ossa metacarpi*). Es sind fünf kleine Röhrenknochen, die beinahe parallel liegen. Jeder Knochen hat eine Basis, einen Schaft und einen Kopf. Dank den beweglichen Mittelhandknochen können wir Gegenstände greifen und festhalten. Mittelhandknochen haben keine Namen, sondern nur Nummern, von I bis V, vom Daumenknochen aufsteigend.

Der Mensch hat insgesamt 14 **Fingerknochen** (*lat. Ossa digiti manus*), auch Phalangen genannt. Sie schließen sich den Mittelhandknochen an und dienen uns zum Greifen. Fingerknochen sind längliche Röhrenknochen. Jeder Finger hat jeweils drei Einzelknochen, nur der Daumen besteht aus zwei Knochen. Auch Fingerknochen haben keine eigenen Namen, sondern nur Nummern.

Der größte und stärkste Knochen des Menschen ist **der Oberschenkelknochen** (*lat. Os femoris* oder *Femur*). Er ist ein Röhrenknochen. Man unterscheidet beim Oberschenkelknochen folgende vier Teile: Kopf, Hals, Schaft und unteres Ende. Oben ist der Oberschenkelknochen mit dem Beckenknochen, unten mit dem Schienbein verbunden. Am oberen Ende hat der Oberschenkelknochen einen kugelförmigen Kopf, verbindet sich dadurch mit dem Beckenknochen und bildet so das Hüftgelenk. Der Hals des Knochens hat zwei Vorsprünge: den großen und kleinen Rollhügel. Die beiden Rollhügel sowie die Vertiefung zwischen ihnen dienen als Ansatz für mehrere Muskeln. Der Schaft ist der längste Abschnitt des Oberschenkelknochens. Das untere Ende ist zu zwei Rollen verbreitert und bildet zusammen mit dem Schienbein das Kniegelenk.

## Das Schienbein

Kopf

Schaft

Knorpelschicht

unteres Ende

## Das Wadenbein

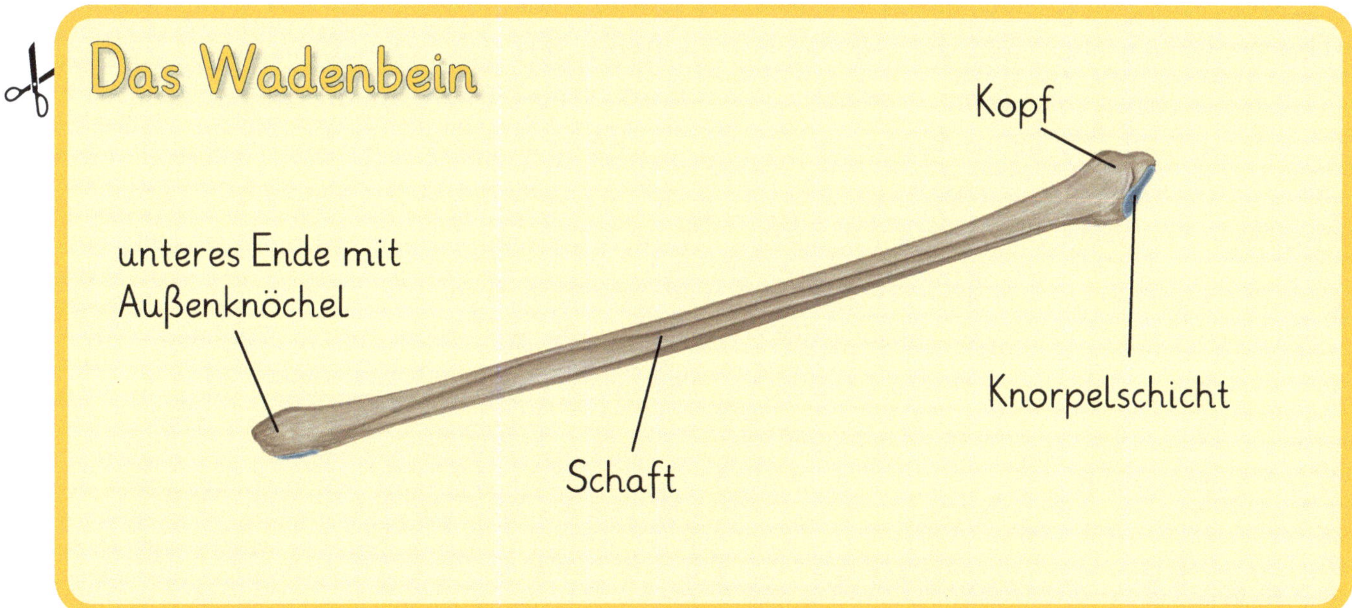


## Die Kniescheibe

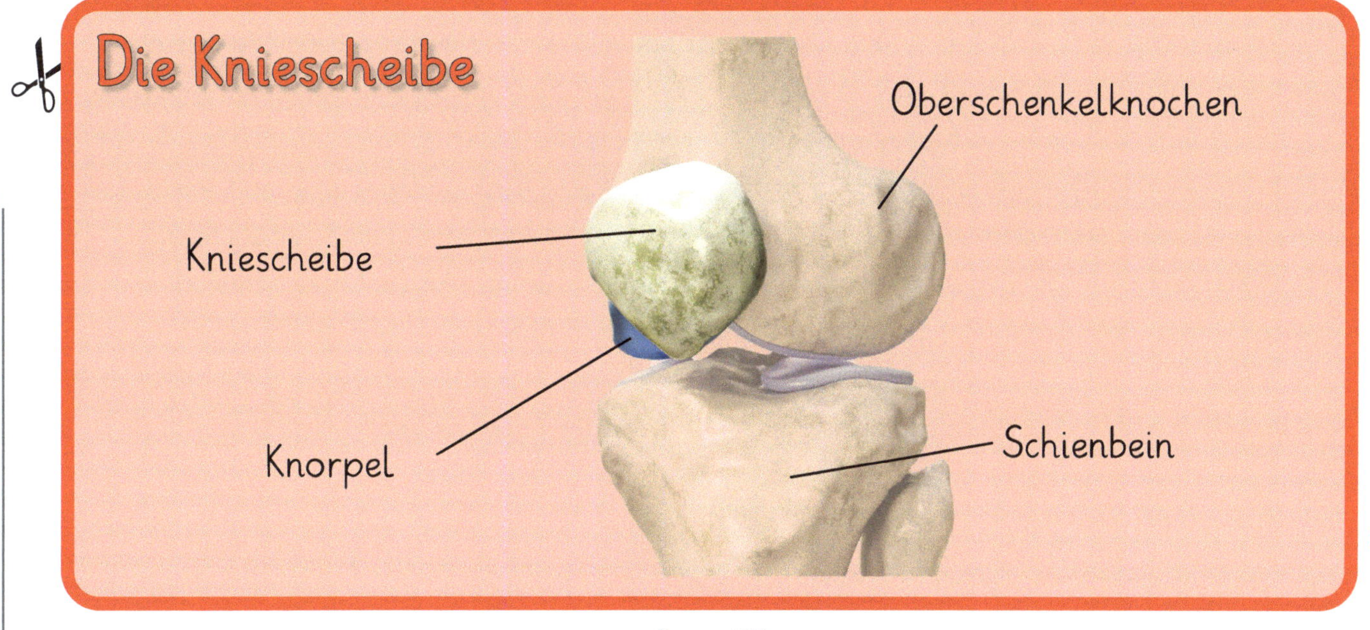




KOHL VERLAG
DER MENSCHLICHE KÖRPER
Lege- und Lernmaterial - Band 78 / Das Skelett - Bestell-Nr. 15 078

# Infokarten

**Das Schienbein** (*lat. Tibia*) ist ein typischer Röhrenknochen an der Innenseite unseres Unterschenkels. Das Schienbein ist unser zweitlängster Knochen. Als Unterschenkelknochen verbindet es den Oberschenkelknochen mit den Fußwurzelknochen. Man kann das Schienbein schnell ertasten, da es direkt unter der Haut liegt. So ist das Schienbein praktisch ungeschützt und druckempfindlich. Man untergliedert beim Schienbein folgende Abschnitte: Kopf, Schaft und unteres Ende. Die obere Fläche des Schienbeins bildet zusammen mit den Knochen des Oberschenkels das Kniegelenk. Sein unteres Ende ist verdickt und bildet den Innenknöchel. Am Knie ist es mit dem Wadenbein über eine Membran verbunden. Es ist eine recht steife Verbindung. Das Schienbein trägt das Gewicht unseres Körpers.

**Das Wadenbein** (*lat. Fibula*) ist ein dünner, kleiner Knochen an der Außenseite des Unterschenkels. Das dünne Wadenbein beginnt unterhalb des Kniegelenks und endet am Sprunggelenk. Es ist ein typischer Röhrenknochen und ist ungefähr gleich lang wie das Schienbein. Das Wadenbein dient als Ansatz für zahlreiche Muskeln, Sehnen und Bänder, wie zum Beispiel den langen Wadenbeinmuskel. Man unterscheidet beim Wadenbein folgende Abschnitte: Kopf, Schaft und unteres Ende mit dem Außenknöchel. Sein oberes Ende ist verdickt und ist mit dem Schienbein verbunden. Im Unterschied zum Schienbein hat das Wadenbein keine direkte Gelenkfläche am Kniegelenk. Das untere Ende ist auch verdickt und heißt Außenknöchel. Die Bänder am Außenknöchel halten das obere Sprunggelenk fest.

**Die Kniescheibe** (*lat. Patella*) ist ein kleiner aber wichtiger Teil des Kniegelenks. Es ist ein leicht nach außen gewölbter Knochen in der Form einer abgerundeten dreieckigen Scheibe. Diese sitzt locker direkt vor dem Kniegelenk und ist beweglich. Die Beweglichkeit der Kniescheibe ermöglicht uns das Beugen und Strecken des Beines. Außerdem schützt die Kniescheibe unser Kniegelenk: Sie verringert die Reibung zwischen der Sehne des Oberschenkels und dem Schienbein. Diese Sehne heißt Patellasehne, sie wird bei jeder Bewegung des Knies beansprucht. Dank der Kniescheibe wird die Muskelkraft vom Oberschenkel auf den Unterschenkel übertragen und verteilt. Sie sitzt locker vorne am Kniegelenk in einer Art Rinne. Unsere Kniescheibe ist beweglich bzw. kann hin- und hergleiten. Dies ermöglicht die dicke Knorpelschicht hinter der Kniescheibe.



Lernen mit Erfolg KOHL VERLAG DER MENSCHLICHE KÖRPER
Lese- und Lernmaterial – Band 78 / Das Skelett – Bestell-Nr. 15 078

# Infokarten

## Die Fußwurzelknochen

Würfelbein

Fersenbein

Sprungbein

Kahnbein

Keilbeine

## Die Mittelfuß- und Zehenknochen

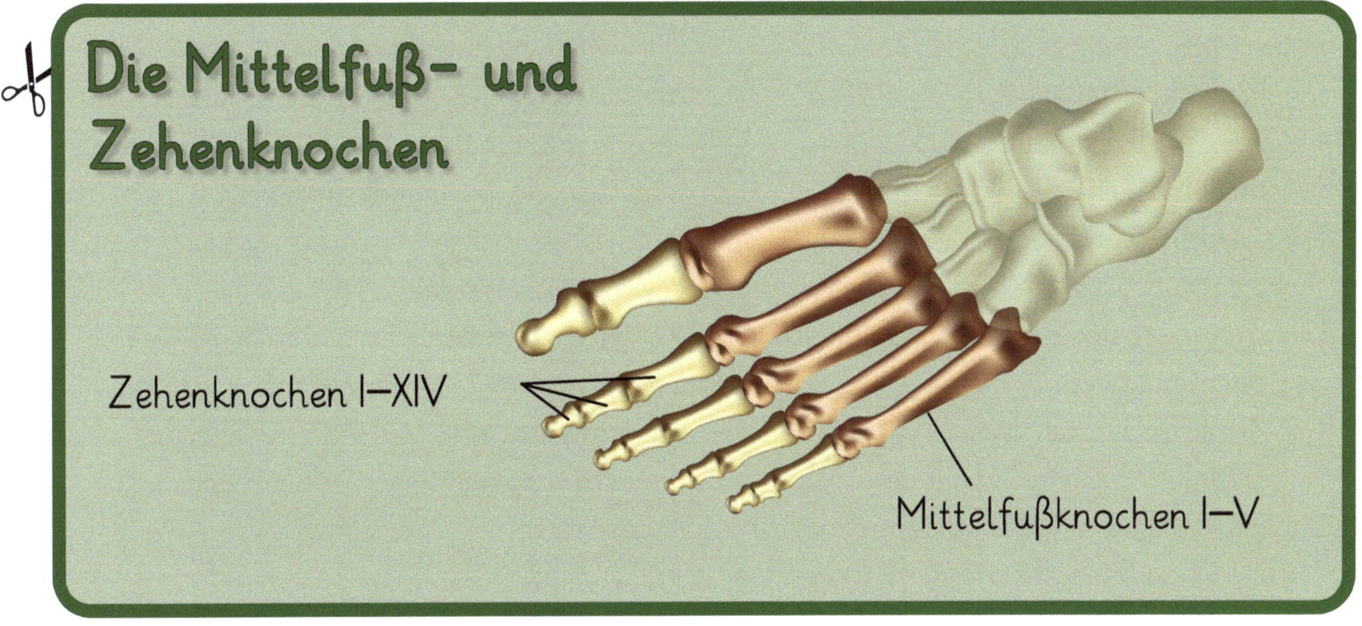


## Die Bandsscheibe

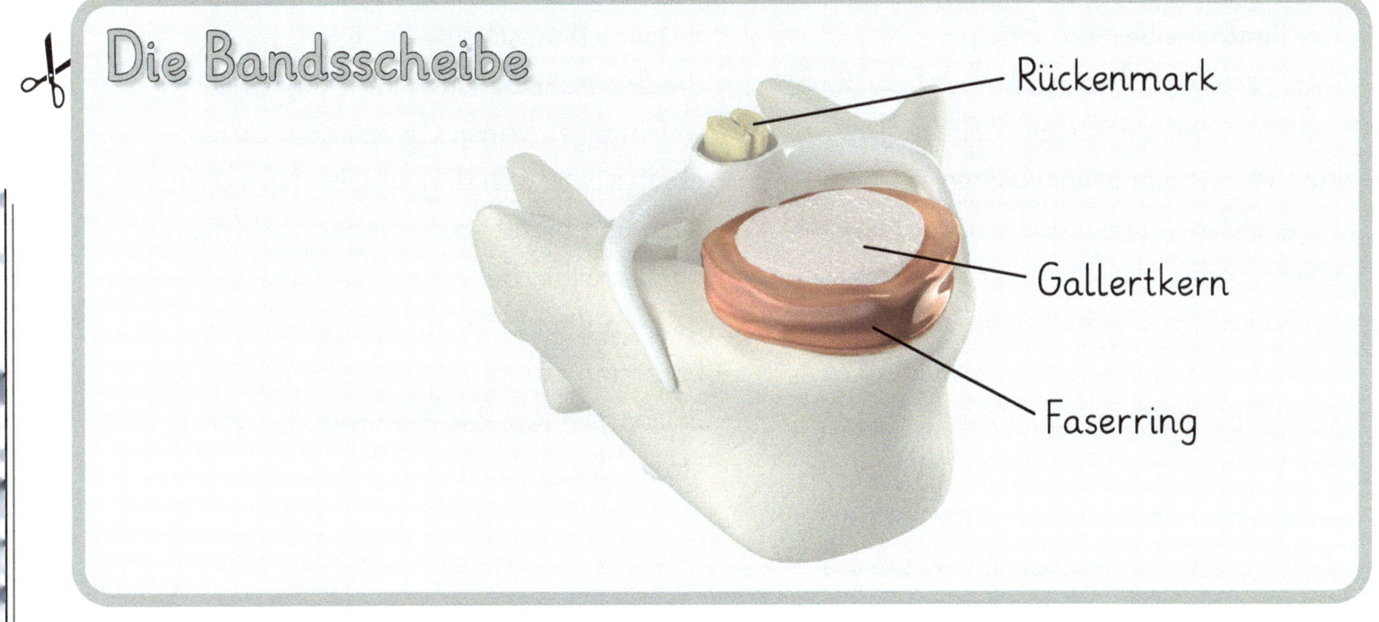

# Infokarten

Der Mensch hat sieben **Fußwurzelknochen** (*lat. Tarsus*), die an der Ferse beginnen. Sie liegen in zwei Reihen vor und sind durch Bänder miteinander verbunden. Die zwei größten Fußwurzelknochen gehören zur proximalen bzw. oberen Reihe: das Fersenbein (*lat. Calcaneus*) und das Sprungbein (*lat. Talus*). Die fünf kleineren Fußwurzelknochen zählen zur distalen bzw. unteren Reihe: das Kahnbein (*lat. Os naviculare*), Würfelbein (*lat. Os cuboideum*) und die drei Keilbeine (*lat. Os cuneiforme I–III*). Der größte Fußwurzelknochen ist das Fersenbein. Beim Gehen fangen die Fußwurzelknochen das ganze Gewicht des Körpers ab. Die sieben Fußwurzelknochen sind untereinander durch Fußwurzelgelenke (*lat. Articulationes intertarsales*) verbunden. Durch die Gelenke kann der Fuß federn und sich dem unebenen Boden anpassen.

In der Mitte unseres Fußes liegen fünf längliche **Mittelfußknochen** (*lat. Ossa metatarsalia*). Es sind Röhrenknochen zwischen den Zehen und der Fußwurzel. Die fünf Mittelfußknochen können sich fächerförmig gegeneinander bewegen. Dadurch passt sich der Vorfuß beim Gehen den Unebenheiten an.
Die Mittelfußknochen werden mit den Nummern I–V benannt, von innen nach außen gezählt. Der erste Mittelfußknochen (MT I) ist der stärkste und der kürzeste. Der zweite Mittelfußknochen ist der längste von allen. Man unterscheidet folgende Abschnitte beim Mittelfußknochen: Köpfchen, Körper und Basis. Alle Fußwurzelknochen lassen sich gut auf dem Fußrücken ertasten.
An die Mittelfußknochen schließen sich **die Zehenknochen** (*lat. Ossa digitorium pedis*) an. Insgesamt sind es 14 Röhrenknochen, die in drei Reihen liegen und die Spitze des Fußes bilden.

**Die Bandscheibe** (*lat. Discus intervertebralis*) ist ein knorpeliger Ring zwischen den einzelnen Wirbeln. Jeder Ring ist mit den benachbarten Wirbeln verwachsen. Die Bandscheibe ist fest aber biegsam. Sie dient als Polster bzw. Stoßdämpfer für die Wirbel und verhindert deren Reibung. Außerdem ermöglichen die 23 Bandscheiben die Beweglichkeit der Wirbelsäule. Zwischen dem Schädel und dem ersten Halswirbel sowie zwischen dem ersten und zweiten Halswirbel gibt es keine Bandscheibe. In der Mitte hat die Bandscheibe einen Kern aus einem weichen gelartigen Gewebe. Ein dicker elastischer Faserring umgibt den weichen Kern und bildet so die äußere Schicht der Bandscheibe. Bei einem Bandscheibenvorfall gelangt die Masse durch einen Riss im Faserring aus dem Kern nach außen und drückt auf das Rückenmark. Das verursacht starke Schmerzen.

KOHL VERLAG – DER MENSCHLICHE KÖRPER – Lehr- und Lernmaterial – Band 78 / Das Skelett – Bestell-Nr. 15 078

# Infokarten

## Das Becken

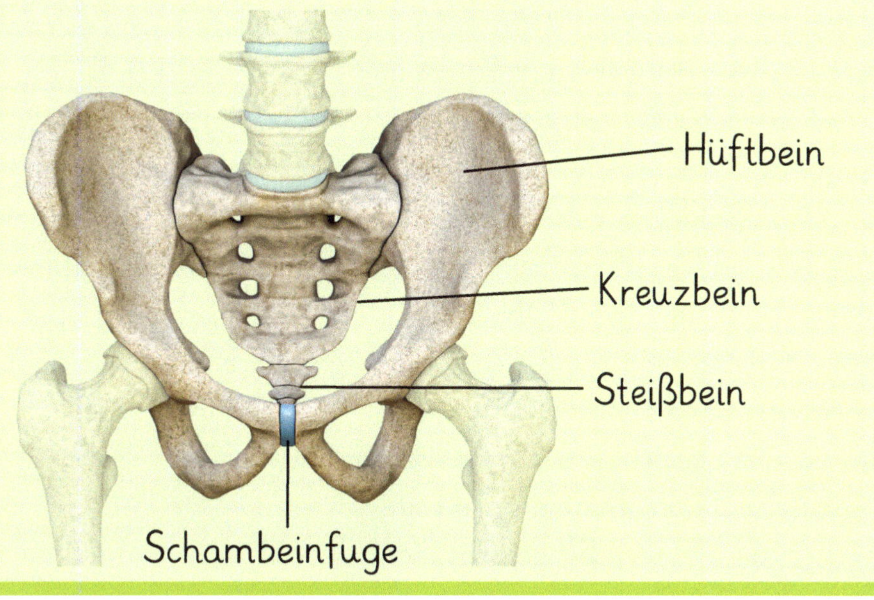


## Die Gelenke

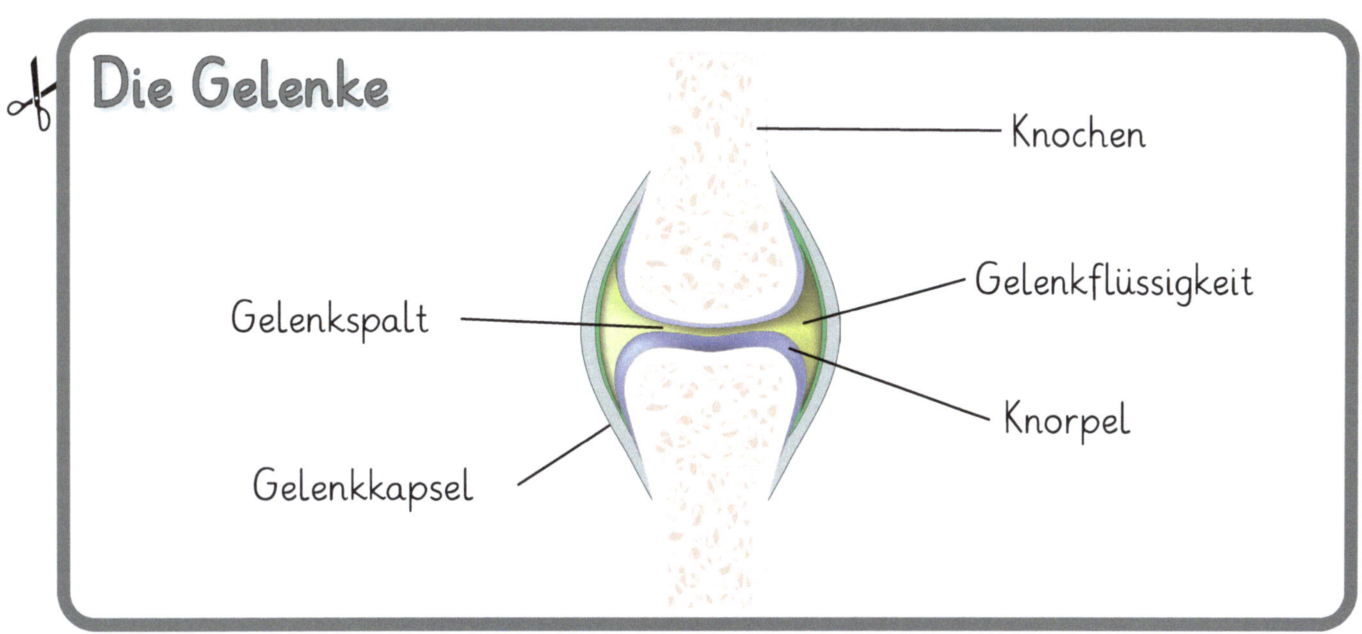


## Die Knorpel, Bänder und Zähne

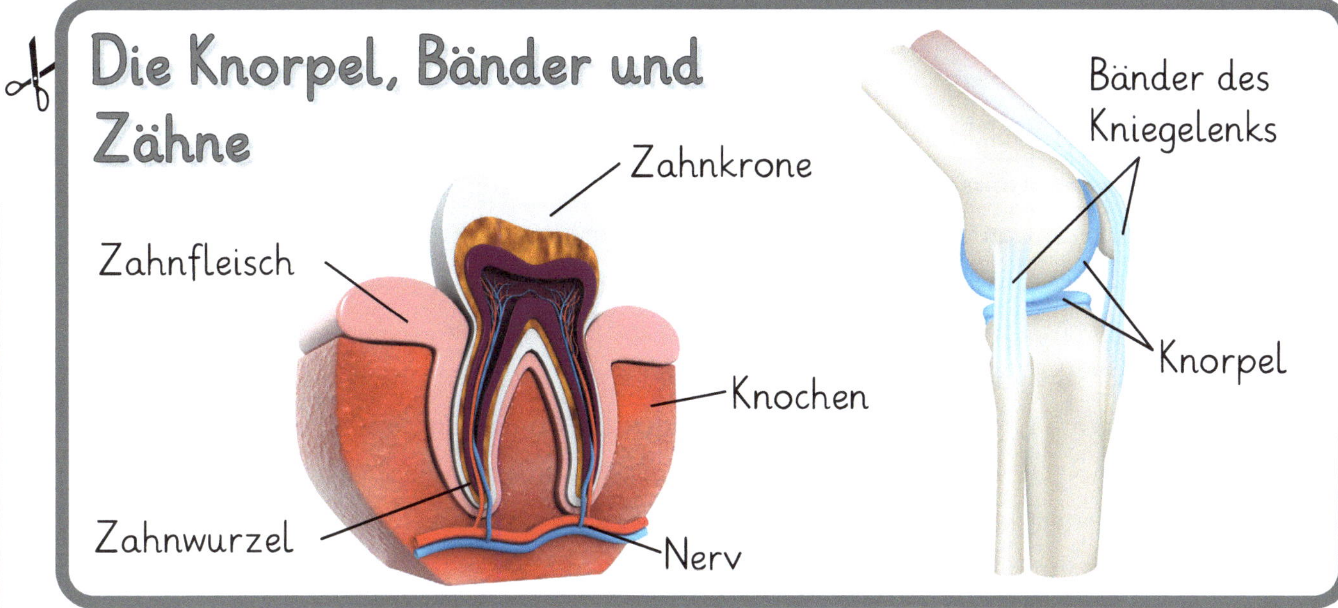




KOHL VERLAG Lernen mit Erfolg
DER MENSCHLICHE KÖRPER
Lege- und Lernmaterial – Band 78 / Das Skelett – Bestell-Nr. 15 078

# Infokarten

**Das Becken** (*lat. Pelvis*) ist ein Teil unseres Körpers zwischen dem Bauch und den Beinen. Unser Becken verteilt das Körpergewicht von der Wirbelsäule auf zwei Oberschenkelknochen. Das Gerüst des Beckens besteht aus zwei Hüftbeinen, dem Kreuzbein und dem Steißbein.
Mit der Zeit, bis man erwachsen wird, wachsen diese drei Knochen zusammen. Jedes Hüftbein besteht aus 3 miteinander verwachsenen Knochen: dem Darmbein, dem Sitzbein und dem Schambein. Bei Kindern sind es noch einzelne Knochen. Das Becken einer Frau unterscheidet sich vom Becken eines Mannes. Das männliche Becken ist hoch und schmal und hat einen spitzen Schambeinwinkel. Das weibliche Becken ist breiter, als das männliche. Der Eingang ist größer und hat einen stumpfen Schambeinwinkel. Dieser ermöglicht eine natürliche Geburt.

**Gelenke** verbinden zwei oder mehrere Knochen. Es gibt echte (*lat. Diarthrosen*) und unechte Gelenke (*lat. Synarthrosen*). Ein unechtes Gelenk verbindet die Knochen nur durch Knorpel, Sehnen oder Bänder und ist wenig oder gar nicht beweglich. Unechte Gelenke gibt es zum Beispiel zwischen den Schädelknochen oder an den Bandscheiben. Ein echtes Gelenk ist sehr beweglich. Zu ihm gehören die beteiligten Knochen, ein dünner Gelenkspalt und eine Gelenkkapsel. Die Gelenkflächen der Knochen bestehen aus Knorpel. Der Gelenkspalt ist mit einer Flüssigkeit gefüllt. Die Knorpelschicht und die Gelenkflüssigkeit verhindern die Reibung der Knochen aneinander. Die Gelenkkapsel hält es fest zusammen. Es gibt 5 Arten echter Gelenke: das Kugel-, Ei-, Sattel-, Scharnier- und Drehgelenk. Beispiele für echte Gelenke sind das Schulter-, Ellenbogen-, Hand-, Hüft- und Kniegelenk.

Zum Skelett gehören auch **Knorpel** (*lat. Cartilago*), **Bänder** (*lat. Ligamente*) und **Zähne** (*lat. Dentes*). Der Knorpel ist ein festes aber biegsames Gewebe, das keine Gefäße hat. Es kommt an vielen Stellen vor und verbindet unsere Knochen und Gelenke. Die Enden der Knochen sind mit einer dicken Knorpelschicht umhüllt. Zwischen den Kollagenfasern des Knorpels ist Wasser gebunden. Der Knorpel schützt die Knochen vor Abnutzung, federt harte Stöße und abrupte Bewegungen ab. Die Bänder sind immer zwischen zwei Knochen gespannt und halten so unser ganzes Skelett zusammen. Harte Faserstränge der Bänder bestehen aus einem Bindegewebe. Durch die Fasern können sich die Bänder etwas dehnen und ermöglichen so die Bewegungen.
Unsere Zähne sind die härtesten Teile in unserem Körper und liegen im Ober- und Unterkiefer. Sie haben eine Krone und eine Wurzel.



KOHL VERLAG DER MENSCHLICHE KÖRPER Lern- und Lernmaterial – Band 78 / Das Skelett – Bestell-Nr. 15 078

# Kopiervorlage: Das Skelett

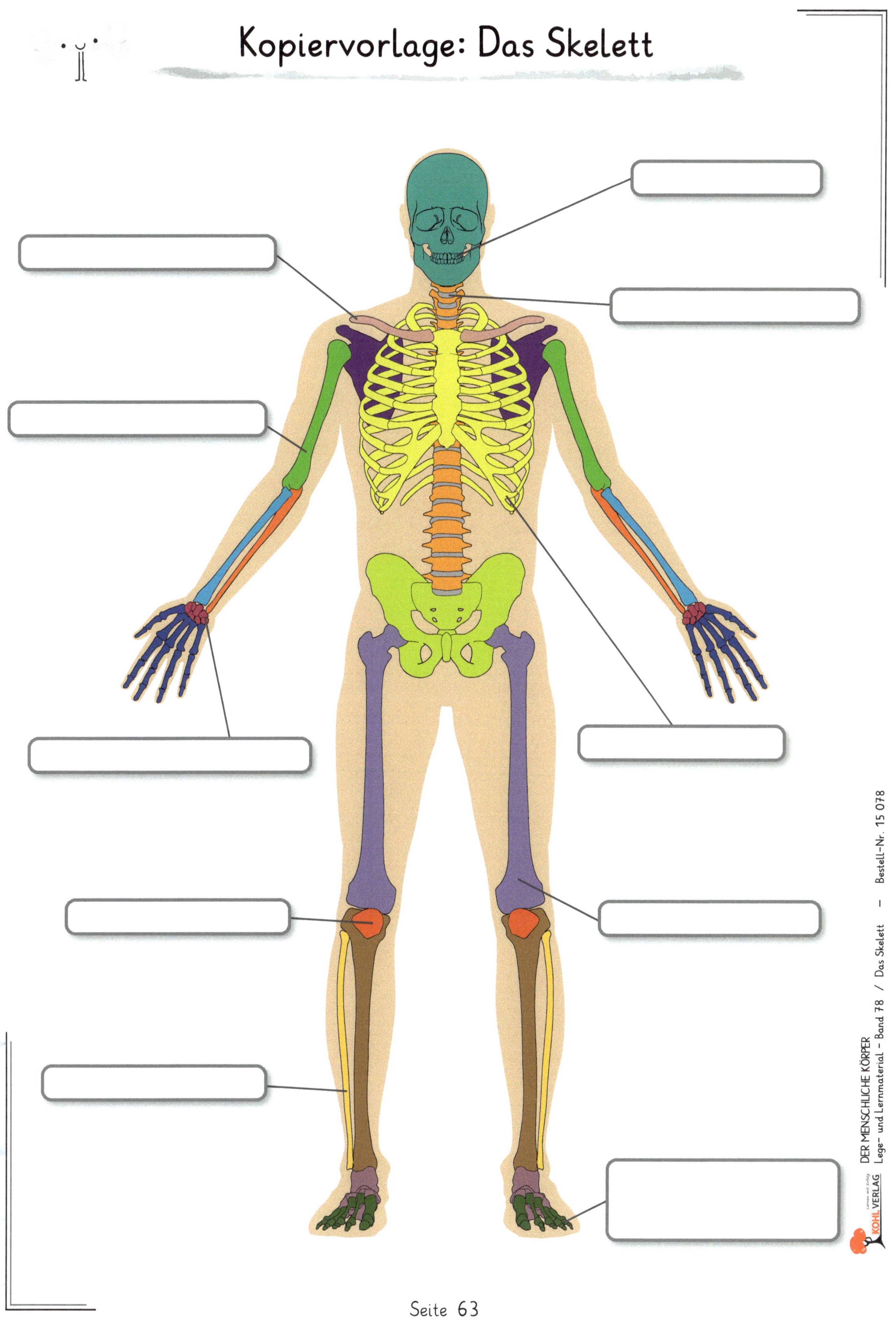

# Kopiervorlage: Das Skelett

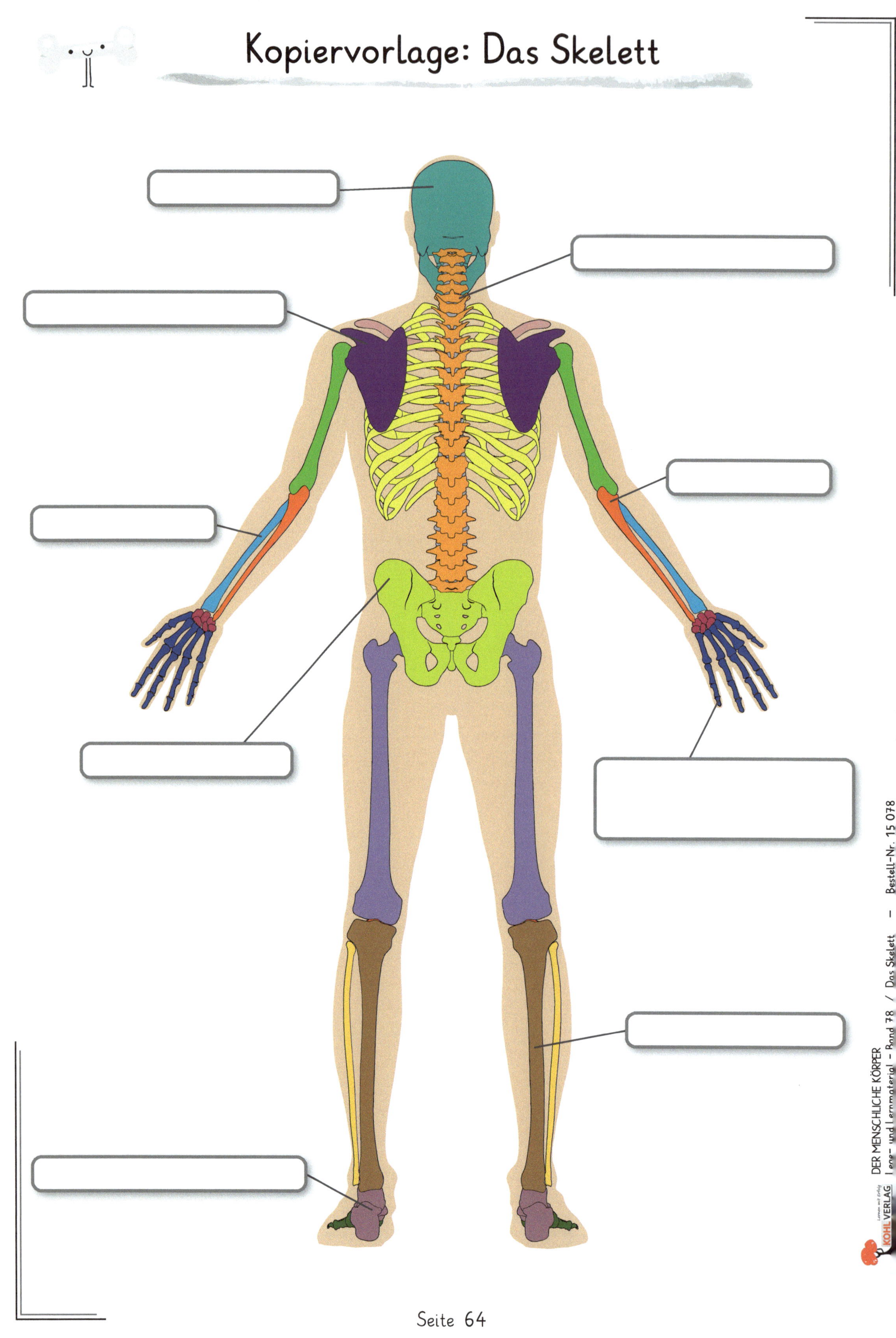



KOHL VERLAG Lernen mit Erfolg
DER MENSCHLICHE KÖRPER
Lese- und Lernmaterial – Band 78 / Das Skelett – Bestell-Nr. 15 078